お悩み解決！

ぐっち夫婦の

毎日作り続けられる

お弁当大作戦

OBENTO

お弁当について考えてみた。

DISCUSSION

ぐっち夫婦が

GUCCI-FUUFU

毎日作り続けられる

MAKE EVERY DAY

お弁当のお悩みベスト3

ふだんの晩ごはんを作るとき、20分くらいで仕上げることが多いというぐっち夫婦。時間は短くても、手間はかけなくても、おいしくって見栄えがいいごはんを作るのが大の得意です。時間がない中で作らなきゃいけないのは、まさにお弁当も同じ。

そこでおふたりに、毎日無理なく作れる、毎日作りたくなるお弁当について考えてもらいました。

1

朝、
時間がない

2

組み合わせに
悩む

3

おかずが
ワンパターン

作戦会議 スタート！

T 毎日お弁当を作るのは、
とっても大変なことだよね

朝、一から作ると時間がかかるし、
主菜と副菜の組み合わせどうしようとか、
毎日違うおかずを作らなきゃとか考えると、
ただただ義務感にかられてしまう…… S

そこで。。

T 面倒だと思うことを、ひとつずつ
取り払ってあげられたらいいな

なるべく、朝がんばらなくて
いいようにしたいね。
でも、前日が大変になるのも
避けたい S

T 僕だったら、ごはんに一品、
肉料理がドーンとのっているだけで
もうれしいけど

あ、のっけ弁LOVEな
ぐっちさんらしい発想（笑）。
私はやっぱり、野菜もいろいろ入った
彩り弁当が食べたいなぁ S

せっかくなら食べて満足してもらいたいので、
手軽さだけでなく、見た目とおいしさ、
3つがかなえられるお弁当を探求したいね
T
お弁当って宝箱みたいで幸せ。
箱を開けたときに
『あ、おいしそう～』って
S
外で食べるのも、
買ったお弁当もいいけど、
自分が好きなものを
好きに詰められるのがいいよね
T
ふむふむ。。
S
お弁当作りに悩みは尽きないけれど、
悩みを楽しむくらいの
発想の転換ができたらいいな
T
攻略性が高いよね、お弁当って。
ゲームみたい。
ここにあれ埋めようとか
詰め方もね。
実は、楽しいポイントがいっぱい
S
T
ゴールは、
SNSにお弁当をアップ？
ハッシュタグ、
#ぐっち弁当
とかでね（笑）
S

ぐっち夫婦が みなさんのお悩み を解決します！

お弁当の**3つのお悩み**について、各章ごとに1つのテーマを取り上げ、ふたりが**作戦会議**を開き、悩みを検証していきます。
「時間」、**「組み合わせ」**、**「バリエーション」**について考えられたレシピを組み合わせて、ふたりがおすすめのお弁当を提案します。

CONTENTS

STAGE 1

時間について考えてみる

「時間」についての作戦会議 14

前日仕込みのメインおかず

我が家のオイスターから揚げ 18
冷めてもしっとり照り焼きチキン 20
やっぱこれだね、しょうが焼き 24
彩り野菜のカラフル肉巻き 26
ザクザク青椒肉絲《チンジャオロースー》 30
ごはんが進むピリ辛プルコギ 32
鮭のみそ漬け焼き 36
ぶりのにんにくじょうゆ焼き 37
ポークきのこチャップ 40
鶏肉のさっぱりポン酢焼き 41
えびのペペロンチーノ風 42
たらのレモンバターソテー 43

下味冷凍のメインおかず

アジアンチャーシュー 44
いろいろきのこのデミハンバーグ 46
豚こまのスタミナ漬け 50
牛こまのしょうが漬け 51
鶏もも肉のカレー漬け 52
鶏むね肉のレモンハーブオイル漬け 53

弁当対決!

Tatsuyaの鶏のから揚げ弁当 22
SHINOの照り焼きチキン弁当 23

Tatsuyaのしょうが焼き弁当 28
SHINOの彩り野菜の肉巻き弁当 29

Tatsuyaの青椒肉絲弁当 34
SHINOのプルコギ弁当 35

Tatsuyaの鮭のみそ漬け焼き弁当 38
SHINOのぶりのにんにくじょうゆ焼き弁当 39

Tatsuyaのアジアンチャーシュー弁当 48
SHINOのきのこのデミハンバーグ弁当 49

COLUMN 野菜の下準備について
(切りおき冷蔵/切りおき冷凍/ゆでおき冷凍) 54

STAGE 2 組み合わせについて考えてみる

「組み合わせ」についての作戦会議　56

野菜の副菜　色別カタログ

緑のおかず
- きゅうりとわかめの酢のもの　61
- セロリとザーサイの中華あえ　61
- ブロッコリーの黒ごまあえ　62
- 小松菜のナムル　62
- キャベツのレモンオイルあえ　62
- 豆苗の塩昆布炒め　63
- いんげんのおひたし　63
- ズッキーニの七味マヨポン　63

赤のおかず
- ミニトマトとチーズのかつおみそ　64
- 和風にんじんラペ　64
- ラディッシュのピクルス　65
- 焼きパプリカのごまマヨあえ　65

黄のおかず
- カレーポテサラ　66
- パプリカのみそバターソテー　66
- かぼちゃとベーコンのチーズペッパー焼き　67
- さつまいものはちみつレモン煮　67

白のおかず
- 塩もみ大根の梅あえ　68
- れんこんのナムル　68
- かぶのオイスター炒め　69
- もやしとかにかまのマヨポンあえ　69

卵のおかず
- 定番の卵焼き　70
- しらすの巻かないだし巻き卵　72

卵2個で卵焼き
- 韓国のり巻き卵焼き　74
- 明太子巻き卵焼き　74
- ねぎと紅しょうがの巻かないだし巻き卵　75
- えのきの巻かないだし巻き卵　75

卵1個でスクランブルエッグ
- プレーンスクランブルエッグ　76
- 高菜のスクランブルエッグ　76

卵1個でオムレツ
- かにかまオムレツ　77
- 枝豆オムレツ　77

作っておける漬け卵
- にんにくじょうゆ漬け卵　78
- みそ漬け卵　78

卵1個で目玉焼き
- 半月目玉焼き　79
- 目玉照り焼き　79

加工品のおかず

ちくわ

ちくわとピーマンのしょうゆ炒め　81

ちくわのかば焼き　81

ウインナー

切り込みウインナーのペッパー焼き　82

ウインナーコーン炒め　82

ベーコン・ハム

ズッキーニのベーコン巻き　82

ハムと大根のサラダ　83

ツナ缶

ツナとマカロニのサラダ　83

オクラツナポン　83

さば缶

さばの青菜あえ　84

さばみそそぼろ　84

STAGE 3

バリエーションについて考えてみる

「バリエーション」についての作戦会議　86

定番食材のバリエーション

鶏もも肉で

鶏肉とチンゲンサイのオイスター炒め　90

ポン酢でチキン南蛮　タルタルソースがけ　91

鶏肉とじゃがいものBBQソテー　91

豚こま切れ肉で

豚キムチ　92

豚肉となすの甘みそ炒め　93

豚肉のかつおポン酢　93

牛こま切れ肉で

牛肉とミニトマトの甘辛煮　94

牛肉といんげんの粒マスタード炒め　95

牛肉ともやしのガーリックじょうゆ　95

魚の切り身で

ぶりバター　96

さばのクミン焼き　97

かじきのごま衣焼き　97

ごはんでバリエーション

焼き豚とちくわのチャーハン　98

シーフードミックスとレタスのチャーハン　98

福神漬けが決め手！　炊飯器でカレーピラフ　102

炊飯器でカオマンガイ　102

鮭ときのこの炊き込みごはん　106
牛ごぼうの混ぜごはん　106
エスニックガパオめし　110
3色彩りそぼろごはん　110

弁当対決！
Tatsuyaの焼き豚とちくわのチャーハン弁当　100
SHINOのシーフードミックスと
レタスのチャーハン弁当　101
Tatsuyaのカレーピラフ弁当　104
SHINOのカオマンガイ弁当　105
Tatsuyaの鮭ときのこの炊き込みごはん弁当　108
SHINOの牛ごぼうの混ぜごはん弁当　109
Tatsuyaのエスニックガパオ弁当　112
SHINOの3色彩りそぼろ弁当　113

おにぎり、いろいろ
和風ツナマヨおにぎり　114
カリカリ梅の青じそおにぎり　115
じゃこと枝豆のおにぎり　114
塩昆布チーズおにぎり　115

スープ、いろいろ
豚肉とたけのこの酸辣湯《サンラータン》　116
チルド餃子ときのこの中華スープ　117
ミックスビーンズとウインナーのコンソメスープ　117
鶏肉と大根のゆずこしょう和風スープ　118
シーフードミックスで簡単！純豆腐《スンドゥブ》　118

STAGE 4

お弁当を作る前に知っておきたいこと

「お弁当を作る前」最後の作戦会議　120
Tatsuyaの鶏のから揚げ弁当の詰め方　124
SHINOの照り焼きチキン弁当の詰め方　125
基本調味料について　126
あると便利な調味料について　126
お弁当作りに使う道具　127

本書の決まり

＊大さじ1は15mℓ、小さじ1は5mℓ、1カップは200mℓ、1合は180mℓです。
＊作り方に記載している加熱時間は目安です。お使いの調理器具や環境によって変わりますので、様子をみて調整してください。
＊電子レンジの加熱時間は600Wを基準にしています。

STAGE 1

時間について考えてみる

「時間」についての作戦会議

T　まずは、『朝、時間がない』というお悩みですが、**朝はなるべく時間をかけたくない**ということに尽きるよね

S　でも、前日の残りものを詰めるだけではさみしいし、かといって前日、晩ごはんとは別にお弁当のおかずも仕込むのは大変

T　そもそも、お弁当作りは買い物から始まっています。そこで、**晩ごはんに使う肉や魚を多めに買って**、残りをお弁当に回せばいいんじゃないかな

S　たしかに、晩ごはんとお弁当の食材を別々に買うのは、正直、頭がこんがらがりそう……

T　**前日と同じ食材が、翌日のお弁当に**登場しても、僕はいいと思う

T＝Tatsuya、S＝SHINO

まったく同じ料理でなければ
いいよね。野菜や調味料、スパイスを
足すだけで、違う料理になるから

僕は、前日のおかずがしょうが焼きでも、
翌日のお弁当に1枚くらい
入っているのは、アリだな（笑）

しょうが焼きの例でいうと、
しょうが焼き用に肉を漬けておくとして、
晩ごはんに玉ねぎと一緒に炒めたら
お弁当はトマトと炒めるとか

そうそう。僕たちがよくやっているのは、
〝肉や魚に下味をつけておく〟
という方法だけれど、これはまさに
お弁当にも使えると思う

そこで。。

保存袋や厚手のポリ袋に肉や魚、
調味料を入れて、軽くもんで味をなじませ、冷蔵庫に
入れるだけ。冷凍すると日持ちするので、
使える期間がより長くなります

T この『前日仕込み』(p.18〜)や『下味冷凍』(p.44〜)は、すでに**味がついていて加熱するだけ**でいいので、気を使わないし、なにしろ**失敗しない**のでおすすめ

鶏肉なんかは、**中まで味が染みるのでおいしい**です。ちなみに、鶏肉はから揚げ用を使うと包丁も使わなくていい! S

T ただし、野菜を一緒に漬けるとくたっとしてしまうので、シャキシャキした食感を出したいなら、**野菜は別に用意した**ほうがいいね

なるほど。。

その場合、朝から野菜を切るのは大変なので、**前日に切ってポリ袋に入れておく**と、朝の手間が省けるよね S

そんなときに、我が家にも常備している『切りおき』(p.54)があると、めちゃくちゃ便利です！
T
というわけで。
日持ちがする野菜を多めに切ってストックしておくというもので、キャベツ、玉ねぎ、きのこの3種は定番。キャベツや玉ねぎは小さすぎない程度に切って、きのこはほぐして、ポリ袋に入れておくだけ
S
T
これは、周りで試してくれた人にも本当に評判がいいので、みなさんもぜひやってみてほしい
S
味つきの肉や魚と、切っておいた野菜があれば、朝の作業が少しは減らせそう
T
下準備をしておけば、朝はさっと加熱するくらいでいいので、時間の余裕が生まれて、気持ちも楽になるかも
「時間」についての作戦会議

前日仕込みのメインおかず

我が家のオイスターから揚げ

僕（Tatsuya）のから揚げは、オイスターソースを入れるのがポイント。コクとうまみが増して、やみつきになる味わいです。

>> YESTERDAY | TODAY >>

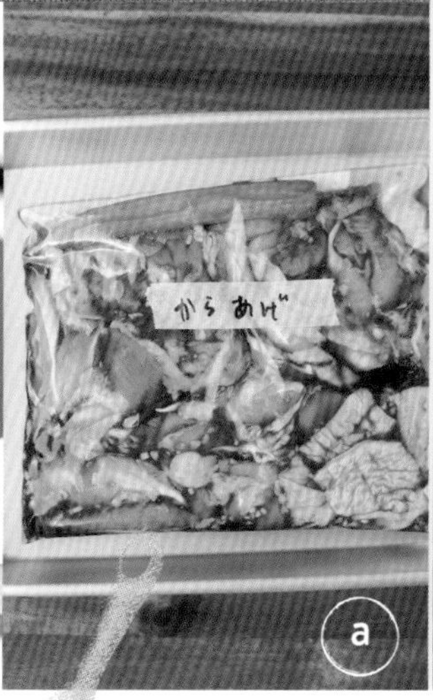

a

b

前日仕込み
ねぎの青い部分を
一緒に入れると
肉の臭み消しに

片栗粉を
たっぷりつけてから
はたき落とします

Tatsuya

肉や魚に下味をつけておく、野菜は切っておく。この2つを準備しておけば、朝は焼いたり、炒めたりするだけ。調味料も合わせておき、材料と一緒にセットしておけばより安心です。

皮を表にして
丸めると
形よく揚がって
中までジューシー

小さめの鋳物鍋は
温度が下がり
にくいので
失敗なく
揚げられます

完成！

二度揚げして
こんがり！

材料(作りやすい分量)

鶏もも肉(から揚げ用)……1パック(300g)

A しょうが(すりおろし)……小さじ1
にんにく(すりおろし)……小さじ1
しょうゆ……大さじ1
オイスターソース……大さじ1
酒……大さじ1
長ねぎ(青い部分・あれば)……1本分

片栗粉……適量

揚げ油……適量

【前日仕込み】

保存袋に鶏肉、Aを入れてよくもみ込み、冷蔵庫に入れる。

【当日仕上げ】

1 鶏肉に片栗粉をしっかりとまぶす。

2 鍋に揚げ油を160℃の低温に熱し、**1**を入れて薄く色づくまで触らずに3～4分揚げる。バットに上げ、4～5分余熱で火を入れてから、180℃の高温でこんがり色づくまで1～2分揚げる。

冷めてもしっとり照り焼きチキン

鶏肉1枚を半分に切って、2枚一度に焼いちゃいます。冷めてもおいしいので、1切れをお弁当に、残りは家でのお楽しみに。

>> YESTERDAY | TODAY >>

前日仕込み
余分な脂を取って
塩と酒で下味つけ。
このひと手間が大事

皮目を下にして
へらで押しつけると
皮がこんがり

準備しておいた
合わせだれを
入れるだけ！

たれにとろみが
つくまで
ぐつぐつと
煮詰めます

たれに「照り」
が出たら
でき上がり

完成！

材料（作りやすい分量）

鶏もも肉……1枚（300g）
酒……大さじ1
塩、こしょう……各少々
A しょうゆ……大さじ1½
　みりん……大さじ1½
　酒……大さじ1
　砂糖……小さじ1
サラダ油……小さじ1

【前日仕込み】

鶏肉は余分な脂をキッチンばさみで切り、厚みのある部分に切り目を入れ、半分に切る。酒、塩、こしょうをふって保存袋に入れる。Aは混ぜ合わせ、ともに冷蔵庫に入れる。

【当日仕上げ】

1 フライパンに油を中火で熱し、鶏肉の皮目を下にして入れる。こんがり焼き色がついたら裏返して1分ほど焼く。

2 鶏肉から出てきた脂をペーパータオルでさっと拭き、Aを加えて煮詰める。

弁当対決!

Tatsuya vs SHINO

「朝から揚げものはちょっと…
と思わないで！ から揚げは
僕（世の男性？）にとって
最高のお弁当おかず。
定番の卵焼きも外せません」

Tatsuyaの
鶏のから揚げ弁当

MENU

- 我が家のオイスターから揚げ (>>p.18)
- 定番の卵焼き (>>p.70)
- かぼちゃとベーコンの
  チーズペッパー焼き (>>p.67)
- ごはん、カリカリ梅、白炒りごま、リーフ

詰め方 >> p.124参照

MENU

・冷めてもしっとり照り焼きチキン（>>p.20）
・プレーンスクランブルエッグ（>>p.76）
・ツナとマカロニのサラダ（>>p.83）
・ブロッコリーの黒ごまあえ（>>p.62）
・ごはん、のり、しば漬け、リーフ

詰め方 >> p.125参照

SHINOの
照り焼きチキン弁当

「ぐっちさんのから揚げに対抗して、
私は照り焼きチキン推し！
卵の黄色、ブロッコリーの緑と、
彩りを重視した組み合わせに」

やっぱこれだね、しょうが焼き

しょうが焼きは、お弁当に欠かせない定番おかず。味の染みた肉に粉をつけて焼くと、しっかりと味がつき、汁けも出ません。

>> YESTERDAY | TODAY >>

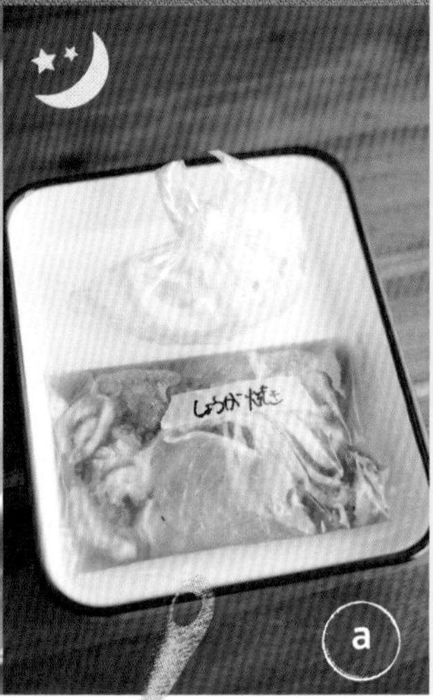

前日仕込み
玉ねぎは漬け込まず
シャキシャキ感を
楽しみます

豚肉は広げて
1枚ずつ粉を
丁寧にまぶすこと

前日
仕込みの
メインおかず

玉ねぎを炒めたら
空いたところに
豚肉を
広げ入れます

焼いているうちに
肉がしっとり
ジューシーに

完成！

香ばしい
焼き目が
食欲をそそる！

材料（1人分）
豚ロース肉（しょうが焼き用）
……3枚（150g）
塩、こしょう……各少々
玉ねぎ……¼個
A しょうが（すりおろし）……小さじ1
しょうゆ……大さじ1
みりん……大さじ1
酒……大さじ1
砂糖……大さじ½
薄力粉……適量
サラダ油……小さじ2

【前日仕込み】
豚肉は長さを半分に切り、塩、こしょうをふって保存袋に入れ、Aを加えてもみ込む。玉ねぎは薄切りにしてポリ袋に入れ、ともに冷蔵庫に入れる。

【当日仕上げ】
1 豚肉に薄力粉をまぶす。
2 フライパンに油を中火で熱し、玉ねぎを炒める。玉ねぎがしんなりしてきたら、フライパンの端に寄せ、豚肉を広げ入れる。
3 豚肉の照りが出てくるまで両面を焼く。

彩り野菜のカラフル肉巻き

切った断面がカラフルな野菜の肉巻きは、お弁当にぴったり。巻くところまで前日やっておけば、朝は焼くだけ。

>> YESTERDAY | TODAY >>

カラフル野菜を
肉にのせて
巻きます

前日仕込み
バットに入れて
ラップをかけて
冷蔵庫へ

前日
仕込みの
メインおかず

こんがり焼いたら
合わせだれを
回しかけます

転がしながら
とろみが
つくまで
煮詰めます

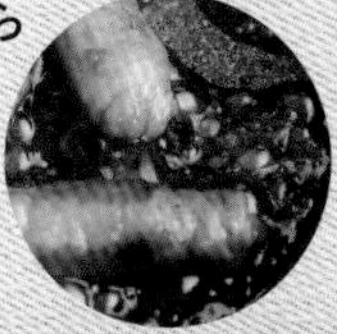

断面を
見せるように
斜めに切って
お弁当箱に

完成！

材料（1人分）

豚ロース肉（薄切り）……3枚
塩、こしょう…… 各少々
ピーマン……1個
にんじん……¼本
えのきたけ……¼袋
A しょうが（すりおろし）…… 小さじ¼
　しょうゆ…… 大さじ½
　みりん…… 大さじ½
　酒…… 大さじ½
薄力粉…… 少々
サラダ油…… 大さじ1

【前日仕込み】

ピーマン、にんじんはせん切りに、えのきは石づきを取ってほぐす。豚肉を縦に広げ、塩、こしょうをふり、野菜とえのきの⅓量をのせて巻く。Aは混ぜ合わせ、ともに冷蔵庫に入れる。

【当日仕上げ】

1 肉巻きに薄力粉を軽くふる。

2 フライパンに油を中火で熱し、肉巻きの巻き終わりを下にして入れる。

3 転がしながら全面を焼き、Aを回し入れて煮詰め、味を絡ませる。

弁当対決!

Tatsuya VS SHINO

Tatsuyaの しょうが焼き弁当

「しょうが焼きは、ごはんに
ドーンとのっていると
おいしそうなので、のっけ弁に。
副菜はにんじんのラペと
ミニトマトで十分」

MENU

- やっぱこれだね、しょうが焼き (>>p.24)
- 和風にんじんラペ (>>p.64)
- ごはん、ゆかり、ミニトマト、リーフ

SHINOの彩り野菜の肉巻き弁当

「肉巻きは斜めに切ると、
断面がよく見えておいしそう。
青じそを仕切りにして
和風な雰囲気に。しば漬けの
紫もきかせます」

MENU

- 彩り野菜のカラフル肉巻き（>>p.26）
- オクラツナポン（>>p.83）
- にんにくじょうゆ漬け卵（>>p.78）
- ごはん、白炒りごま、しば漬け、青じそ

ザクザク青椒肉絲《チンジャオロースー》

たけのこやピーマンは大きめに切ると、下準備も楽なうえ、ザクザクした食感が出ておいしい。牛肉はこま切れが便利です。

肉を炒めたら
ピーマンと
しいたけを
加えます

>> YESTERDAY | TODAY >>

前日仕込み
肉は下味をつけ
野菜は切りおいて
準備完了

材料（1人分）

牛こま切れ肉 …… 150g
たけのこ（水煮）…… 50g
ピーマン …… 1個
しいたけ …… 1枚
A 酒（あれば紹興酒）…… 大さじ1
　塩 …… 少々
　片栗粉 …… 小さじ1
B オイスターソース …… 大さじ1
　酒（あれば紹興酒）…… 小さじ1
　しょうゆ、砂糖 …… 各小さじ½
　鶏ガラスープの素 …… 小さじ½
片栗粉 …… 小さじ½
ごま油 …… 大さじ½

【前日仕込み】

牛肉は保存袋に入れ、Aを加えてもみ込む。たけのこは一口大の乱切りに、ピーマンは小さめの乱切りに、しいたけは薄切りにし、それぞれポリ袋に入れる。Bは混ぜ合わせ、肉、野菜とともに冷蔵庫に入れる。

【当日仕上げ】

1 フライパンにごま油を中火で熱し、牛肉を入れて炒める。肉の色が変わったらピーマン、しいたけを加えて炒める。

2 野菜がしんなりしたら、たけのこを加えてさっと炒める。

3 Bを加えて炒め合わせ、片栗粉を水小さじ2で溶いて加え、とろみがつくまで混ぜる。

ごはんが進むピリ辛プルコギ

野菜がたっぷりで、彩りも鮮やかなSHINOのイチ推しおかず。手間がかかりそうですが、野菜を切っておけば、朝は炒め合わせるだけ。

>> YESTERDAY | TODAY >>

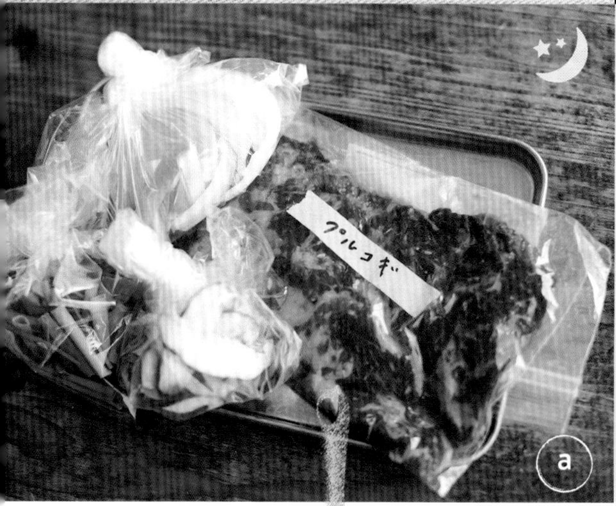

前日仕込み
肉には
甘辛いたれを
染み込ませて

にらはすぐに
しんなりするので
最後に入れます

前日
仕込みの
メインおかず

豪快に炒めて
お皿に
ざざーっ

いろいろな
野菜の食感が
楽しめます

完成！

材料（1人分）

牛こま切れ肉……150g
玉ねぎ……1/4個
にんじん……1/4本
しいたけ……1枚
にら……1〜2本

A にんにく（すりおろし）……小さじ1/4
　しょうが（すりおろし）……小さじ1/4
　しょうゆ……大さじ1
　みりん、酒……各大さじ1/2
　コチュジャン……小さじ1/3

ごま油……大さじ1/2

【前日仕込み】

牛肉は保存袋に入れ、Aを加えてもみ込む。玉ねぎは1cm幅に切り、にんじんは短冊切りに、しいたけは薄切りに、にらは3〜4cm長さに切る。玉ねぎとにんじんは一緒に、にらとしいたけは別々のポリ袋に入れる。肉、野菜ともに冷蔵庫に入れる。

【当日仕上げ】

1 フライパンにごま油を中火で熱し、牛肉を炒める。肉の色が変わったら、玉ねぎとにんじん、しいたけを加えて炒める。

2 野菜がしんなりしたら、にらを加えてさっと炒め、仕上げに白炒りごま少々（材料外）をふる。

弁当対決！

Tatsuya VS SHINO

MENU

- ザクザク青椒肉絲（>>p.30）
- プレーンスクランブルエッグ（>>p.76）
- セロリとザーサイの中華あえ（>>p.61）
- ごはん、たたき梅干し

Tatsuyaの青椒肉絲《チンジャオロースー》弁当

「これぞ、男のガッツリ弁当。
といいつつ、
野菜たっぷりで卵も入って、
食材と味と彩りの
バランスが完璧！」

SHINOのプルコギ弁当

「ぐっちさんが
牛肉で中華だったら、私は
韓国料理で対決。
ピリ辛のおかずにさつまいもの
甘いレモン煮がよく合うんです。
色もキレイ」

MENU

- ごはんが進むピリ辛プルコギ（>>p.32）
- さつまいものはちみつレモン煮（>>p.67）
- いんげんのおひたし（>>p.63）
- ごはん（雑穀米）、リーフ

前日仕込み
だれもが好きな
ごはんに合う
定番の味！

>> YESTERDAY

TODAY >>

完成！

みそ漬けは
焦げやすいので
気をつけて

鮭のみそ漬け焼き

みそ、みりん、砂糖と
家にある基本調味料でできるみそ漬け。
さわらや白身魚など、ほかの魚でもお試しください。

材料（1人分）
生鮭（切り身）……1切れ
酒……大さじ½
塩……少々
A みそ……大さじ1
　みりん……小さじ1
　砂糖……小さじ1
サラダ油……小さじ1

【前日仕込み】
鮭は酒、塩をふる。保存袋にAを入れて混ぜ、鮭を加えて絡め、冷蔵庫に入れる。

【当日仕上げ】
魚焼きグリルの網に軽く油を塗り、鮭をのせて両面がこんがりするまで7〜8分焼く。

前日仕込み

調味料は
少量でちゃんと
漬かります

>> YESTERDAY

フライパン焼きだと
様子を見ながら
焼き加減を調節できます

完成！

ぶりのにんにくじょうゆ焼き

脂の多いぶりは、パンチのある
にんにくじょうゆがよく合います。フライパンで
香ばしい香りが立つまで焼いたらでき上がり。

TODAY >>

材料（1人分）

ぶり（切り身）…… 1切れ
酒 …… 大さじ½
塩、こしょう …… 各少々
A にんにく（すりおろし）…… 小さじ¼
しょうゆ …… 大さじ½
みりん …… 大さじ½
砂糖 …… 小さじ½
サラダ油 …… 小さじ1

【前日仕込み】

ぶりは酒、塩、こしょうをふる。保存袋にAを入れて混ぜ、ぶりを加えて絡め、冷蔵庫に入れる。

【当日仕上げ】

フライパンに油を中火で熱し、ぶりを入れる。焼き色がついたら返して、両面がこんがりするまで5～6分焼く。

Tatsuyaの鮭のみそ漬け焼き弁当

「魚は肉に比べると、どうしても地味な印象になりがち。なので、ささっと作れる卵や野菜の副菜で華やかさを足します」

MENU

- 鮭のみそ漬け焼き（>>p.36）
- えのきの巻かないだし巻き卵（>>p.75）
- ハムと大根のサラダ（>>p.83）
- ごはん、のり、青菜のおかかじょうゆあえ*、リーフ

＊青菜のおかかじょうゆあえ…p.54のゆでおき冷凍の青菜があると便利。

弁当対決!

Tatsuya VS SHINO

MENU

- ぶりのにんにくじょうゆ焼き (>>p.37)
- 塩もみ大根の梅あえ (>>p.68)
- 豆苗の塩昆布炒め (>>p.63)
- ごはん、たくあん、青じそ

SHINOの ぶりのにんにくじょうゆ焼き弁当

「焼き魚だけだと
野菜が不足しがちなので、
大根と豆苗の2種の野菜の
副菜でバランスよく。
食感のアクセントにもなります」

前日
仕込みの
メインおかず

前日仕込み
きのこは水分に
弱いので玉ねぎ
とは別の袋に
入れます

>> YESTERDAY

TODAY >>

ポークきのこチャップ

ケチャップ味の昔なつかしいおかず。
まぶした小麦粉がソースのとろみになります。

材料（1人分）
豚ロース肉（薄切り）…… 3枚（150g）
塩、こしょう …… 各少々
しめじ …… 50g
玉ねぎ …… ¼個
A トマトケチャップ …… 大さじ2
ウスターソース …… 大さじ1
しょうゆ …… 小さじ½
酒 …… 大さじ2
水 …… 50mℓ
薄力粉 …… 大さじ1
オリーブオイル …… 小さじ1
バター …… 10g

【前日仕込み】
豚肉は長さを半分に切って塩、こしょうをふり、保存袋に入れる。しめじはほぐし、玉ねぎは薄切りにし、それぞれポリ袋に入れる。Aは混ぜ合わせ、肉、野菜とともに冷蔵庫に入れる。

【当日仕上げ】
1 豚肉に薄力粉をまぶす。
2 フライパンにオイルを中火で熱し、**1**を入れて色が変わるまで焼く。しめじ、玉ねぎを加えて炒め、しんなりしてきたらA、バターを加えて煮絡める。

前日仕込み
市販のポン酢に
漬けるだけ！
しょうがの香りが
アクセントに

>> YESTERDAY

鶏肉のさっぱりポン酢焼き

ポン酢は酸味だけでなくコクもあるので、
それだけで味が決まります。あるとうれしい調味料。

TODAY >>

材料(作りやすい分量)
鶏もも肉(から揚げ用)…… 200g
酒…… 大さじ1
塩、こしょう…… 各少々
A ポン酢…… 大さじ2
　しょうが(すりおろし)…… 小さじ1
サラダ油…… 大さじ½

【前日仕込み】
鶏肉は酒、塩、こしょうをふって保存袋に入れる。Aを加えてもみ込み、冷蔵庫に入れる。

【当日仕上げ】
フライパンに油を中火で熱し、鶏肉を皮目から入れて両面がこんがりするまで焼く。

前日
仕込みの
メインおかず

前日仕込み
酒と塩、こしょうで
えびの臭みを
取っておきます

>> YESTERDAY

完成！

えびのペペロンチーノ風

にんにくと唐辛子、オリーブオイルでイタリアンな味わい。
パセリをたっぷりかけるとおいしい。

TODAY >>

材料（1人分）
えび（むきえび）……100g
酒……大さじ1
塩、こしょう……各少々
にんにく……1かけ
赤唐辛子（ちぎって種を取る）……1本
パセリ（みじん切り）……適量
オリーブオイル……大さじ1

【前日仕込み】
えびは酒、塩、こしょうをふって保存袋に入れる。にんにくはみじん切りにし、ともに冷蔵庫に入れる。

【当日仕上げ】
1 フライパンにオイルを弱火で熱し、にんにくと赤唐辛子にじっくり火を入れる。
2 香りが立ったらえびを入れ、えびの色が変わるまで炒める。パセリを加え、全体に絡める。

たらのレモンバターソテー

たらとレモンは好相性ですが、
淡泊なのでバターもよく合います。
香りよくさっぱりとした洋風おかず。

材料（1人分）
たら（切り身）……1切れ
酒……大さじ½
塩……適量
にんにく……1かけ
レモン……適量
薄力粉……少々
バター……5g
こしょう……少々

【前日仕込み】
たらは酒、塩少々をふって保存袋に入れる。にんにくはつぶして芽を取る。レモンは輪切りを2枚と、搾り汁用（大さじ1が搾れる程度）に適量を切っておく。ともに冷蔵庫に入れる。

【当日仕上げ】
1 たらの水けをペーパータオルで拭き、薄力粉を軽くふる。
2 フライパンにバター、にんにくを入れて弱火で熱し、香りが立ったら、たらを入れる。焼き色がついたら裏返し、レモンの輪切りをのせて同様に焼く。レモンを搾りかけ、塩少々、こしょうをふる。

下味冷凍のメインおかず

アジアンチャーシュー

ブロック肉を3～4等分に切って漬けると、中まで味が染み込みやすく、短時間で火が通ります。煮込んで角煮にするのもおすすめ。

>> FREEZING | TODAY >>

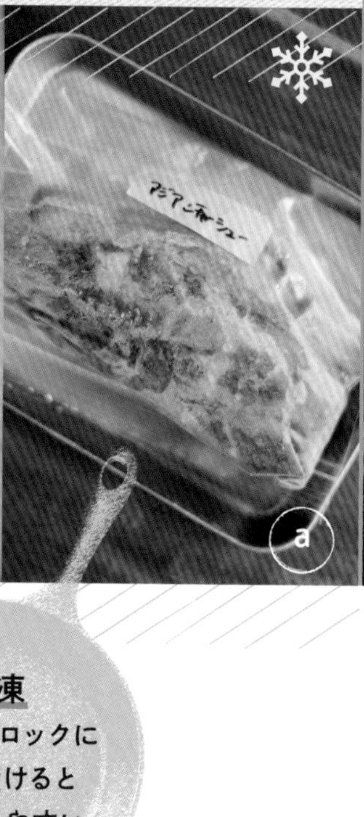

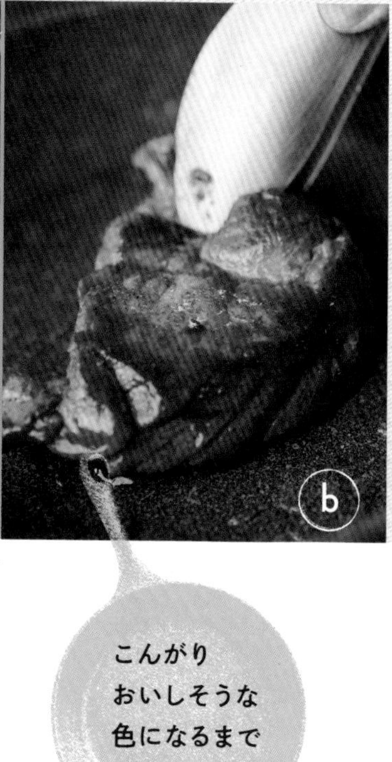

下味冷凍
小さいブロックに
切って漬けると
火が通りやすい

こんがり
おいしそうな
色になるまで
焼きます

肉と調味料を保存袋に入れて冷凍する下味冷凍は、お弁当作りの救世主。必要なときに解凍し、好みの野菜や残っている野菜と合わせて調理できるので、料理の幅が広がります。

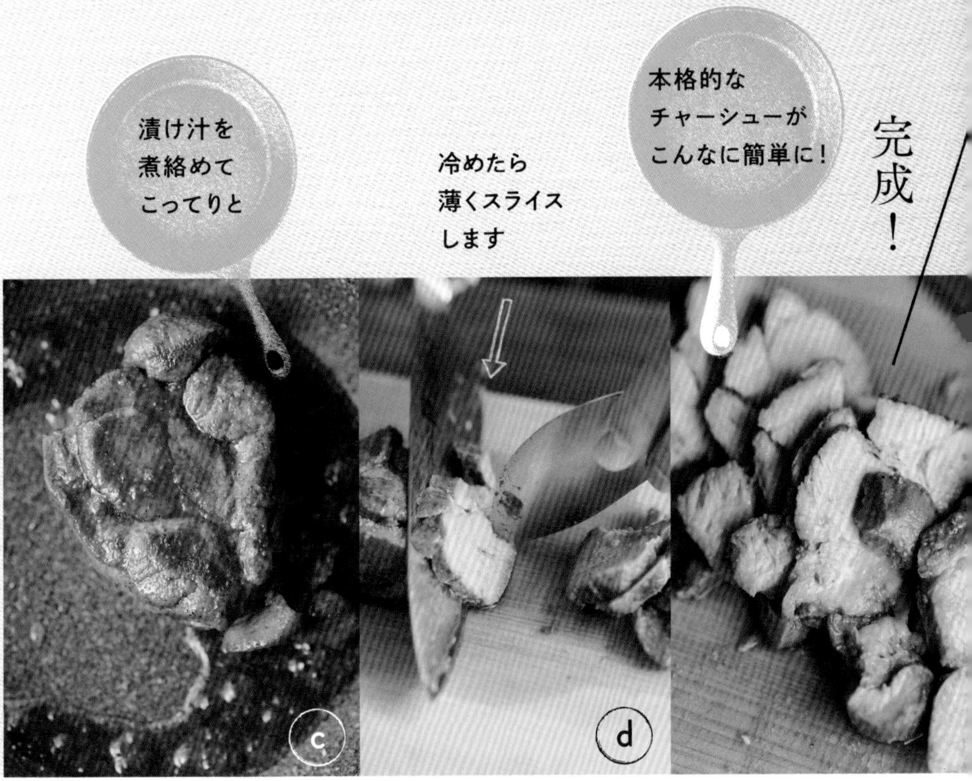

材料（作りやすい分量）

豚ロース肉（ブロック）…… 150g
酒 …… 大さじ1
こしょう …… 少々
A しょうゆ …… 大さじ1
　酒 …… 大さじ1
　砂糖 …… 大さじ1
　五香粉《ウーシャンフェン》 …… 小さじ1
　長ねぎ（青い部分）…… 1本分
サラダ油 …… 小さじ1

【下味冷凍】
豚肉は酒、こしょうをふって保存袋に入れる。Aを加えてもみ込み、冷凍庫に入れる。

【当日仕上げ】＊前日に冷蔵庫に移して解凍しておく。

1 フライパンに油を中火で熱し、豚肉を入れて表面を焼く。漬け汁は取っておく。
2 全面に焼き色がついたらふたをして弱火にし、5分ほど蒸し焼きにする。
3 袋に残っている漬け汁をフライパンに加えて煮詰める。冷めたら食べやすくスライスし、フライパンに残ったたれをかける。

いろいろきのこのデミハンバーグ

朝からハンバーグを作るのは大変ですが、
冷凍しておけば、焼いてソースを作るだけ。
きのこミックス（p.54）があるとお手軽です。

好みのサイズに成形して

>> FREEZING | TODAY >>

使う分だけフライパンで焼きます

下味冷凍
4個くらいまとめて冷凍すると便利

材料

◆ハンバーグのたね（4個分）
- 合いびき肉……250g
- 玉ねぎ……小1個
- 卵……1個
- 牛乳……大さじ1
- パン粉……1/3カップ
- 塩……ふたつまみ
- こしょう……少々

◆きのこのデミソース（1個分）
- きのこミックス（しいたけ、エリンギ、えのきたけなど→p.54）……100g
- A トマトケチャップ……大さじ3
  - 中濃ソース……大さじ2
  - バター……10g
  - 砂糖……小さじ1
- サラダ油……小さじ1

濃厚な
きのこソースを
ハンバーグに
絡めて

冷めても
おいしい
デミハンバーグ

完成！

【下味冷凍】

1 牛乳にパン粉を浸して湿らせる。

2 玉ねぎはみじん切りにして耐熱ボウルに入れ、電子レンジで2分加熱する。

3 **2**のボウルにひき肉、卵、**1**、塩、こしょうを入れ、粘りが出るまで混ぜる。小判形に成形してバットに入れ、ラップをかけて冷凍庫に入れる。

【当日仕上げ】＊前日に冷蔵庫に移して解凍しておく。

1 フライパンに油を中火で熱し、ハンバーグを入れる。こんがりとした焼き色がついたらふたをし、弱火にして5分焼く。裏返し、ふたをしてさらに5分焼き、皿に取り出す。

2 空いたフライパンを中火で熱し、きのこを炒める。しんなりしてきたらAを入れ、とろみがつくまで煮詰める。ハンバーグをフライパンに戻し、ソースを絡める。

弁当対決！

Tatsuya VS SHINO

「ボリュームのある肉を食べたい、

と考案したこのメニュー。

肉、キャベツ、卵の組み合わせは

味も色も食感も

ベストなバランス」

Tatsuyaの アジアン チャーシュー弁当

MENU

- ・アジアンチャーシュー（>>p.44）
- ・みそ漬け卵（>>p.78）
- ・キャベツのレモンオイルあえ（>>p.62）
- ・ごはん（雑穀米）、たくあん、リーフ

SHINOの
きのこの
デミハンバーグ弁当

MENU

- いろいろきのこのデミハンバーグ（>>p.46）
- 半月目玉焼き（>>p.79）
- ズッキーニの七味マヨポン（>>p.63）
- ごはん、パセリのみじん切り、リーフ

「きのこソースを絡めることで、
お弁当に向くハンバーグに。
リーフをたっぷり敷き、
斜めに立てかけるように
詰めるのがポイントです」

下味冷凍の
メインおかず

下味冷凍
もやしや
ピーマンと
炒めても

\>> FREEZING

豚こまのスタミナ漬け

にんにくとごま油がきいたスタミナ漬け。
残った野菜と炒め合わせるだけで、中華風の炒めものに。

材料(1人分)

◆豚こまのスタミナ漬け

豚こま切れ肉……120g

A にんにく(すりおろし)……小さじ⅓
しょうゆ……大さじ½
みりん……大さじ½
酒……大さじ½
砂糖……小さじ½
ごま油……大さじ½

◆仕上げ用

キャベツ……50g
ごま油……大さじ1

【下味冷凍】
豚肉は保存袋に入れ、Aを加えてもみ込む。平らにして冷凍庫に入れる。

【当日仕上げ】＊前日に冷蔵庫に移して解凍しておく。

1 キャベツはざく切りにする。

2 フライパンにごま油を中火で熱し、豚肉を炒める。肉の色が変わったらキャベツを加え、キャベツがしんなりするまで炒める。

下味冷凍
しょうがの香りで
さっぱりした
味つけ

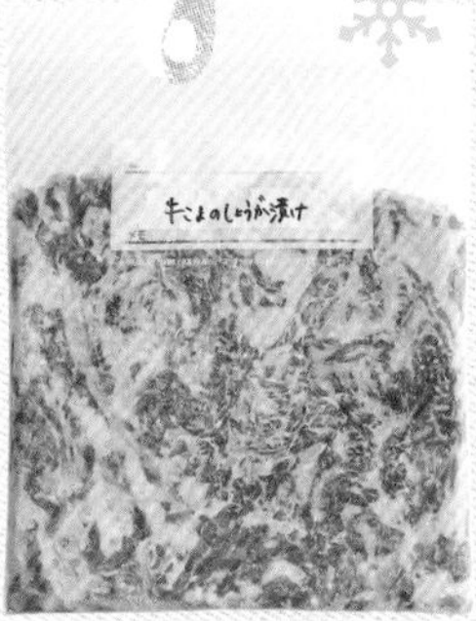

>> FREEZING

牛こまのしょうが漬け

しょうがは、すりおろしで臭みを取って香りをつけ、
せん切りで食感を出します。玉ねぎと炒めてもおいしい。

TODAY >>

材料（1人分）

◆牛こまのしょうが漬け

牛こま切れ肉……150g

A しょうが……½かけ
　しょうゆ……大さじ½
　みりん……大さじ½
　酒……大さじ½

◆仕上げ用

長ねぎ……20g

サラダ油……小さじ1

【下味冷凍】

しょうがは半量をせん切りに、半量をすりおろす。牛肉は保存袋に入れ、Aを加えてもみ込む。平らにして冷凍庫へ入れる。

【当日仕上げ】＊前日に冷蔵庫に移して解凍しておく。

1 長ねぎは斜め薄切りにする。

2 フライパンに油を中火で熱し、牛肉を入れて炒める。肉の色が変わったら長ねぎを加え、長ねぎがしんなりするまで炒める。

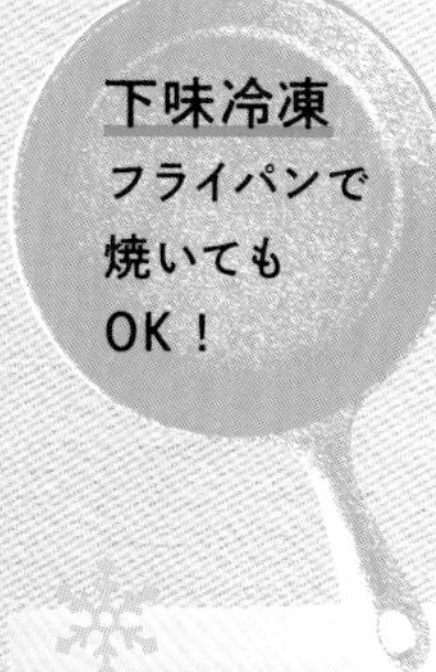

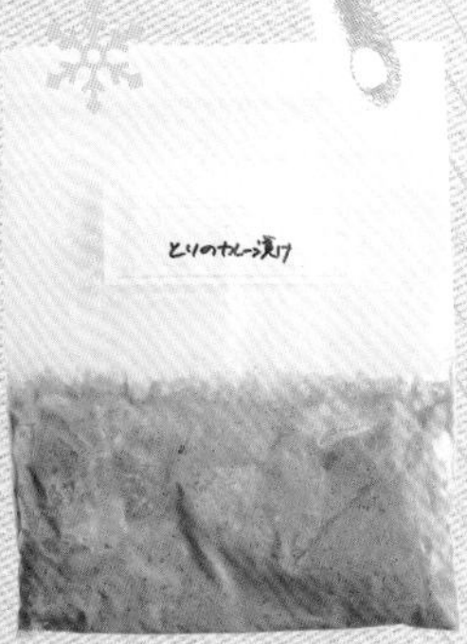

>> FREEZING

鶏もも肉のカレー漬け

ヨーグルトの効果でやわらかくなった鶏肉。
オーブントースターで焼いてしっとり、
スパイスの香りが食欲をそそります。

TODAY >>

材料（1人分）

◆鶏もも肉のカレー漬け

鶏もも肉（から揚げ用）……150g

A プレーンヨーグルト……大さじ1
カレー粉……大さじ½
酒……大さじ½
塩……小さじ⅓
こしょう……少々
にんにく（すりおろし）……少々

◆仕上げ用

赤パプリカ……¼個

【下味冷凍】

鶏肉は保存袋に入れ、Aを加えてもみ込む。平らにして冷凍庫に入れる。

【当日仕上げ】＊前日に冷蔵庫に移して解凍しておく。

1 パプリカは一口大に切る。楊枝に鶏肉とパプリカを1個ずつ刺す。

2 オーブントースターのトレーにのせて、焼き色がつくまで7〜8分焼く。

下味冷凍
半分に
切って漬けると
使いやすい

>> FREEZING

鶏むね肉のレモンハーブオイル漬け

レモン風味のさわやかな鶏肉。
ドライのハーブミックスをふりかけるだけで
洋風な香りに。

TODAY >>

材料(作りやすい分量)

◆鶏むね肉のレモンハーブオイル漬け

鶏むね肉……1枚
酒……大さじ1
塩、こしょう……各少々
レモン……1/3個
A オリーブオイル……大さじ1
　ハーブミックス(ドライ)……小さじ1/2

◆仕上げ用

オリーブオイル……小さじ1

【下味冷凍】
鶏肉は半分に切ってフォークなどで数か所穴をあけ、酒、塩、こしょうをふる。レモンは薄い輪切りにする。保存袋に鶏肉とレモン、Aを入れ、平らにして冷凍庫に入れる。

【当日仕上げ】＊前日に冷蔵庫に移して解凍しておく。
フライパンにオイルを中火で熱し、鶏肉の皮目を下にして入れ、レモンも一緒に入れる。焼き色がついたら裏返し、ふたをして火が通るまで5〜6分焼く。

COLUMN

野菜の下準備について

料理を作るたびに、使う分だけ切るのはちょっと面倒。
だけど、我が家で常備している「野菜の切りおき」があれば、
使いたいときに、使いたい分だけ、袋から出して使えます。

切りおき冷蔵

キャベツやねぎなど、使う頻度が高く、切ってからも多少日持ちする野菜が向いています。細かく切りすぎると水けが出て傷みやすいので、キャベツならざく切りくらいがベスト。水けの少ないねぎ類は、斜め切りや小口切りなど、よく使うサイズに切って袋に入れて冷蔵庫へ。

切りおき冷凍

水分が出やすい野菜は日持ちしないので、冷凍がおすすめ。よく使う玉ねぎは、薄切りとくし形切りの両方を常備。きのこ類は1種類より3種類ほど（しいたけ、エリンギ、えのきたけなど）入れるとうまみが増すのでミックスして保存します。冷凍のままスープに入れてもおいしい。

ゆでおき冷凍

青菜はゆでて使うことが多いので、ゆでたものを食べやすい長さに切ってから冷凍します。自然解凍してしょうゆとかつお節をかければおひたしに、うどんや汁ものにも冷凍のまま入れられます。お弁当に緑の野菜が足りないなと思ったときにも大活躍。

STAGE

2

組み合わせについて考えてみる

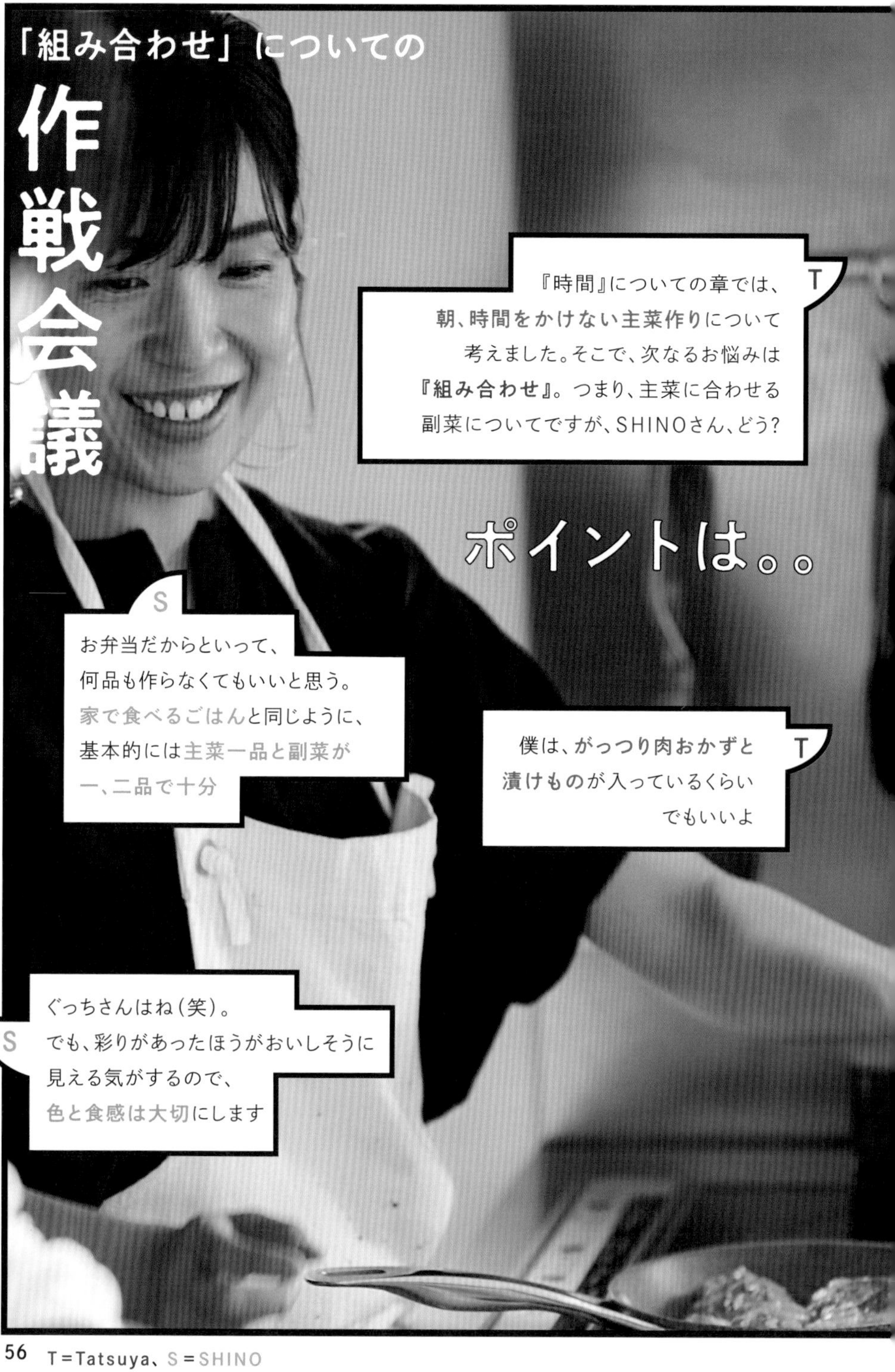

「組み合わせ」についての

作戦会議

T 『時間』についての章では、**朝、時間をかけない主菜作り**について考えました。そこで、次なるお悩みは**『組み合わせ』**。つまり、主菜に合わせる副菜についてですが、SHINOさん、どう?

ポイントは。。

S お弁当だからといって、何品も作らなくてもいいと思う。**家で食べるごはん**と同じように、基本的には**主菜一品と副菜が一、二品で十分**

T 僕は、**がっつり肉おかずと漬けもの**が入っているくらいでもいいよ

S ぐっちさんはね(笑)。でも、彩りがあったほうがおいしそうに見える気がするので、**色と食感は大切**にします

T=Tatsuya、S=SHINO

T たしかに、色と食感が異なる食材を入れると、おのずと栄養的にもバランスが取れてくるような
S きゅうりのようなシャキシャキしたものなのか、いも系のほくほくしたものなのか。色は、何色以上入れないとダメってことはなくて、違う色が1色でも入っていればいいと思うんです
T だから、茶色い肉おかずに、しば漬けの紫色が入っているだけでもいい！
S そうだね（苦笑）。レタスなどの葉ものでもいいし、漬けものに頼ってもいいね
T ふりかけもあるよ
S もし、迷ってしまったら、卵のおかず（p.70〜）をおすすめします。なにしろ調理が簡単だし、黄色の色が華やか
T 卵って、小さいころからお弁当に入っているとうれしかった。卵焼きは、形が少しくらい崩れてしまってもいいよね

S ゆで卵だったら作っておけるし、
和洋中ジャンルを問わず
どんな食材とも相性がいい。
たんぱく源だから栄養もあって、子どもも大好き

万能たまごっ。

T 形状が変化するので、
スペースに合わせてすき間を
埋められるから便利。卵だったら、
毎日入っていてもうれしい！

S あとは、調理器具のバランスを考えると
スムーズですね。たとえば、
フライパンでメインを作るなら、
その間にレンチンで野菜の副菜を作って、
最後に卵をパパッと焼くとか

T 電子レンジやオーブントースターは、
積極的に活用してほしいよね

S 私たちはふだんからよく使っていて、
電子レンジで完結させるのではなく、調理工程内
で下ごしらえのために使うことが多いです。
レンチンしてから調理すると、味の染み方もいいし、
加熱時間も短縮できてうれしい

S＝SHINO、T＝Tatsuya

T

僕たちにとって電子レンジは、
あたためる道具というより、
ひとつの調理器具かな。たとえば、
根菜って火が入りづらいので敬遠しがち
だけど、**下ゆでするのは面倒でも、**
電子レンジならあっという間。
かぼちゃとか、大根とか、ブロッコリーも

S

ささみをゆでるのではなく、
レンチンで蒸しゆでのようにしたり。
お湯を沸かす必要もないので手軽

T

副菜は、**空いている時間で**できて、
放っておける調理がいいよね

S

色で選ぶことを考えて、
野菜の副菜は色別カタログ
(p.60〜)にしてみよう!

「組み合わせ」についての
作戦会議

VEGETABLE CATALOG

野菜の副菜　色別カタログ

メインのおかずはすぐに決まっても、意外と悩ましいのが
副菜。足りない色と食感はなにか考えて選んでみましょう。
レンジやトースターでできるほったらかし料理も多数紹介。

緑のおかず

箸休めにうれしい

きゅうりとわかめの酢のもの

材料（作りやすい分量）

きゅうり……1本

塩……少々

わかめ（乾燥）……大さじ1（約3g）

A 砂糖……小さじ2

　酢……大さじ1

　しょうゆ……小さじ½

1 きゅうりは小口切りにし、塩をふって軽くもみ、5分ほどおいて水けを絞る。わかめは水で5分ほどもどして水けを絞る。

2 ボウルにAを入れて混ぜ、**1**を加えてあえる。

シャキッと食感

セロリとザーサイの中華あえ

材料（作りやすい分量）

セロリ……1本

ザーサイ（味つき・市販品）……30g

A 白炒りごま……小さじ1

　ごま油……小さじ2

　塩……少々

1 セロリは筋を取って斜め薄切りにする。ザーサイは一口大に切る。

2 ボウルに**1**を入れ、Aを加えてあえる。

ごまが汁けを吸ってくれる

ブロッコリーの黒ごまあえ

材料（作りやすい分量）　レンジで

ブロッコリー……60g
塩……少々

A 黒すりごま……大さじ2
酢……大さじ½
しょうゆ……大さじ½
砂糖……小さじ1

1 ブロッコリーは小房に分け、水にさっとくぐらせて耐熱容器に入れる。塩をふってふんわりとラップをかけ、電子レンジで1～2分、やわらかくなるまで加熱する。

2 ボウルにAを入れて混ぜ、**1**を加えてあえる。

ごま油が香る

小松菜のナムル

材料（作りやすい分量）　レンジで

小松菜……1株
塩……少々

A にんにく（すりおろし）……小さじ½
塩、こしょう……各少々
白炒りごま……小さじ1
ごま油……小さじ2

1 小松菜は3～4cm長さに切って耐熱容器に入れる。塩をふってふんわりとラップをかけ、電子レンジで1～2分加熱する。

2 冷水に取って水けを絞ってボウルに入れ、Aを加えてあえる。

しょうが風味でさっぱり

キャベツのレモンオイルあえ

材料（作りやすい分量）

キャベツ……60g
塩……少々
しょうが……1かけ
レモン汁……小さじ½
オリーブオイル……大さじ½

1 キャベツは細切りにしてボウルに入れ、塩をふって軽くもみ、5分ほどおく。しょうがはせん切りにする。

2 キャベツの水けを絞り、しょうが、レモン汁、オイルを加えてあえる。

材料は3つだけ
豆苗の塩昆布炒め

材料（作りやすい分量）
豆苗……1パック
塩昆布……大さじ1（5〜6g）
ごま油……大さじ1

1 豆苗は4cm長さに切る。
2 フライパンにごま油を中火で熱し、豆苗を炒める。しんなりしてきたら塩昆布を加えてさっと混ぜる。

めんつゆでできる
いんげんのおひたし

レンジで

材料（作りやすい分量）
さやいんげん……4〜5本
めんつゆ（2倍濃縮）……大さじ1

1 さやいんげんは両端を切り落として斜め3等分に切り、耐熱容器に入れる。ふんわりとラップをかけ、電子レンジで2分加熱する。
2 流水にさらして粗熱を取り、めんつゆと同量の水を合わせたものに5分ほど漬ける。

ピリ辛ジューシー
ズッキーニの七味マヨポン

レンジで

材料（作りやすい分量）
ズッキーニ……1本
塩……少々
A マヨネーズ……大さじ1
ポン酢……小さじ½
七味唐辛子……少々

1 ズッキーニは1cm厚さの半月切りにして耐熱容器に入れる。塩をふってふんわりとラップをかけ、電子レンジで1分加熱する。
2 ボウルにAを入れてよく混ぜ、**1**を加えてあえる。

赤のおかず

和風味でごはんにも合う

ミニトマトとチーズのかつおみそ

材料（作りやすい分量）

ミニトマト……5〜6個
プロセスチーズ……30g
A かつお節……½袋（2g）
　みそ……大さじ½
　めんつゆ（2倍濃縮）……小さじ1
　白炒りごま……ひとつまみ

1 ミニトマトはへたを取って半分に切る。チーズは1㎝角に切る。

2 ボウルにAを入れて混ぜ、**1**を加えてさっとあえる。

しょうゆが隠し味

和風にんじんラペ

材料（作りやすい分量）

にんじん……5㎝
青じそ……2枚
A 酢……大さじ½
　しょうゆ……小さじ1
　砂糖……ふたつまみ
　こしょう……少々

1 にんじん、青じそはせん切りにする。

2 ボウルにAを入れて混ぜ、**1**を加えてあえる。

すき間にピンクの彩り

ラディッシュのピクルス

レンジで

材料（作りやすい分量）

ラディッシュ……5個
ナツメグ（パウダー・あれば）……少々

A 酢……大さじ1
砂糖……小さじ1
水……60mℓ
塩……小さじ⅓
黒こしょう……3粒

1 ラディッシュは茎を1cmほど残して、縦4等分に切る。

2 耐熱容器にAを入れ、ラップをかけずに電子レンジで1分30秒加熱する。

3 **2**に**1**、ナツメグを入れ、冷蔵庫で1時間ほど漬ける。

肉厚でしっとり

焼きパプリカのごまマヨあえ

材料（作りやすい分量）

トースターで

赤パプリカ……½個

A マヨネーズ……大さじ½
白すりごま……小さじ1

1 パプリカは縦1cm幅に切り、オーブントースターのトレーにのせて、しんなりするまで焼く。

2 ボウルにAを入れて混ぜ、**1**を加えてあえる。

黄のおかず

酢で下味をつけるのが秘訣

カレーポテサラ

材料（作りやすい分量）　レンジで

じゃがいも……2個
酢……小さじ2

A
- マヨネーズ……大さじ2
- 砂糖……小さじ1
- 塩、こしょう……各少々
- カレー粉……小さじ1

1 じゃがいもは皮をむき、濡らしたペーパータオルに包んでからラップで包み、電子レンジで4〜5分加熱する。

2 ボウルに入れてフォークなどで軽くつぶし、酢を加えて下味をつける。

3 粗熱が取れたらAを加えて混ぜる。

みそ＆バターでこっくり

パプリカのみそバターソテー

材料（作りやすい分量）

黄パプリカ……½個
みそ……大さじ½
酒……小さじ2
バター……5g
粗びき黒こしょう……少々

1 パプリカは縦半分に切ってから横1cm幅に切る。みそと酒は合わせておく。

2 フライパンにバターを中火で熱し、パプリカを焼く。

3 焼き色がついたら、合わせたみそと酒を加えて絡め、黒こしょうをふる。

のせて焼くだけ!

かぼちゃとベーコンのチーズペッパー焼き

色合いも華やか

さつまいものはちみつレモン煮

かぼちゃとベーコンのチーズペッパー焼き

材料(作りやすい分量) トースターで

かぼちゃ……200g
ベーコン(薄切り)……2枚
オリーブオイル……大さじ2
粉チーズ……小さじ1
塩……少々
粗びき黒こしょう……適量

1 かぼちゃは5mm厚さ、3cm幅に切り、ベーコンは1cm幅に切る。

2 オーブントースターのトレーにアルミホイルを敷いて**1**をのせ、オイルをかける。粉チーズ、塩、黒こしょうをふり、こんがりするまで5~6分加熱する。

さつまいものはちみつレモン煮

材料(作りやすい分量) レンジで

さつまいも……小1本
レモン(薄い輪切り)……2枚
A 砂糖……大さじ1
　はちみつ……小さじ1
　レモン汁……小さじ1
　水……50mℓ

1 さつまいもは皮付きのまま7~8mm厚さの輪切りにし、水にさらして水けをきる。

2 耐熱容器に**1**、4等分に切ったレモン、混ぜ合わせたAを入れてふんわりとラップをかけ、電子レンジで5分加熱する。冷まして味をなじませる。

白のおかず

さっぱりした和のサラダ
塩もみ大根の梅あえ

薄く切って食感よく
れんこんのナムル

材料（作りやすい分量）

大根……2㎝

塩……ひとつまみ

梅干し（種を取ってたたく）……1個

しょうゆ……小さじ⅓

1 大根は皮をむいて短冊切りにし、塩をふって軽くもみ、5分ほどおく。

2 **1**の水けを絞ってボウルに入れ、梅干し、しょうゆを加えてあえる。

レンジで

材料（作りやすい分量）

れんこん……100g

A 白すりごま……小さじ½
塩、こしょう……各少々
ごま油……小さじ½

1 れんこんは薄い輪切り、大きければ半月切りにし、水にさらす。

2 水けをきって耐熱容器に入れ、ふんわりとラップをかけ、電子レンジで1分30秒加熱する。

3 粗熱が取れたら、Aを加えてあえる。

照りあり、コクあり

かぶのオイスター炒め

材料（作りやすい分量）

かぶ……2個

A オイスターソース……大さじ½
　しょうゆ……小さじ1

塩、こしょう……各少々

ごま油……大さじ1

1 かぶは茎を少し残して、8等分のくし形切りにする。

2 フライパンにごま油を中火で熱し、**1**を焼く。

3 焼き色がついたらAを加えてさっと炒め、塩、こしょうをふる。

紅白で彩りよい

もやしとかにかまのマヨポンあえ

レンジで

材料（作りやすい分量）

もやし……1袋

かに風味かまぼこ……3本

A マヨネーズ……大さじ1
　ポン酢……大さじ½
　塩……少々

粗びき黒こしょう……少々

1 もやしは耐熱容器に入れ、ふんわりとラップをかけ、電子レンジで2〜3分加熱する。かにかまは手で裂く。

2 もやしの粗熱が取れたら水けをきってボウルに入れ、かにかま、Aを加えてあえ、黒こしょうをふる。

EGG SIDE DISH

卵のおかず

卵焼きをはじめ、卵料理は毎日お弁当に入っていてもうれしいもの。そこで、卵1〜2個でできる、いろいろな形状の卵料理をご紹介。あと一品足りないなと思ったときに。

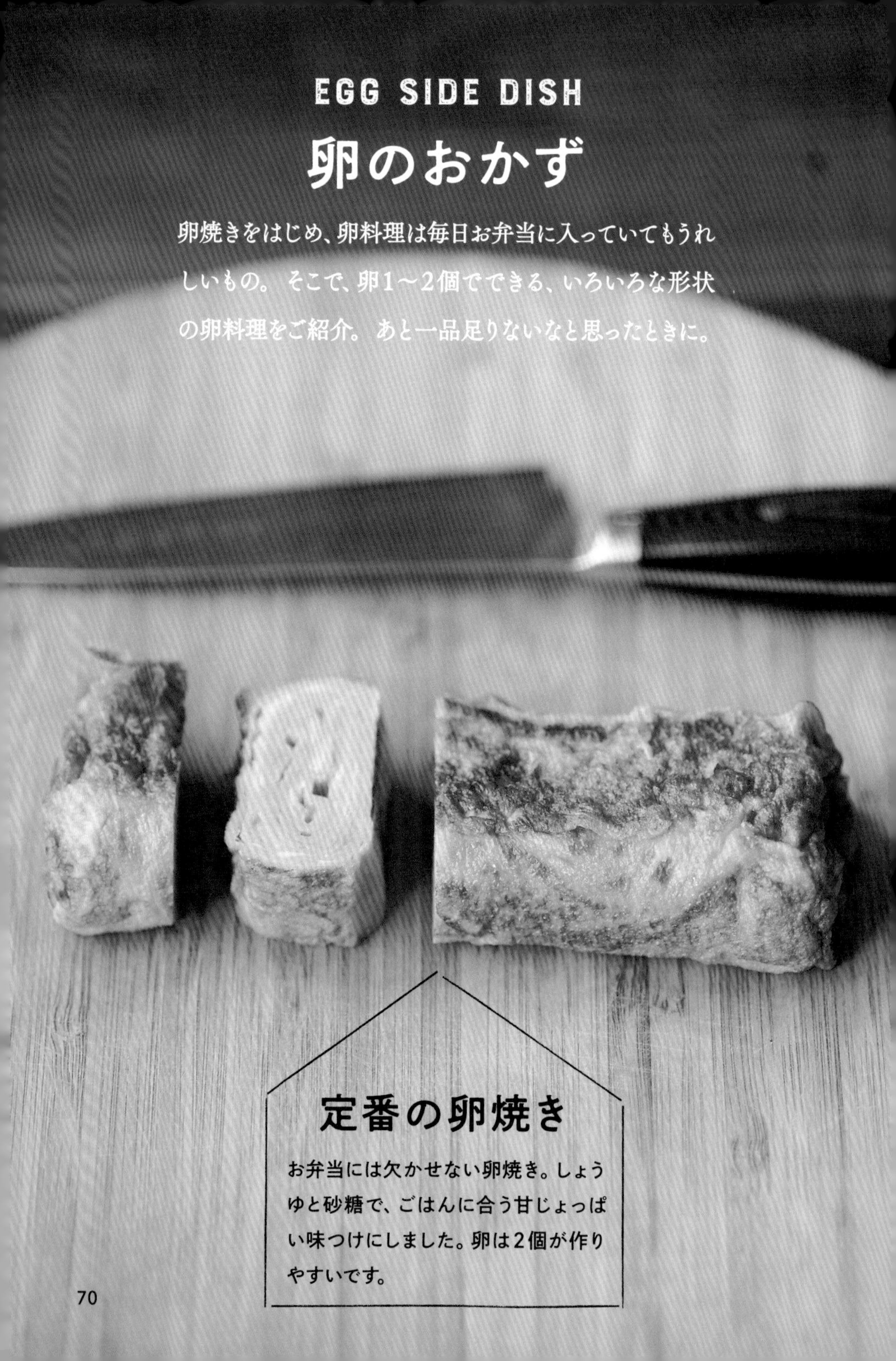

定番の卵焼き

お弁当には欠かせない卵焼き。しょうゆと砂糖で、ごはんに合う甘じょっぱい味つけにしました。卵は2個が作りやすいです。

材料（作りやすい分量）

卵……2個

A しょうゆ…… 小さじ½

砂糖…… 小さじ1

塩…… 少々

サラダ油…… 適量

1 卵は溶きほぐし、Aを加えて混ぜる。

2 卵焼き器に油少々を中火で熱し、卵液の⅓量を流し入れる。

3 奥から手前に卵を巻く。ここは崩れても大丈夫。

4 巻いた卵を奥にすべらせて、手前に油少々を足す。

5 残りの卵液の半量を流し入れ、巻いた卵を菜箸で持ち上げて、卵の下にも卵液を入れて同様に巻く。

6 **4**～**5**をもう一度繰り返す。熱いうちに巻きすで巻いて冷ますと、きれいな形になる。冷めたら好みの大きさに切る。

a
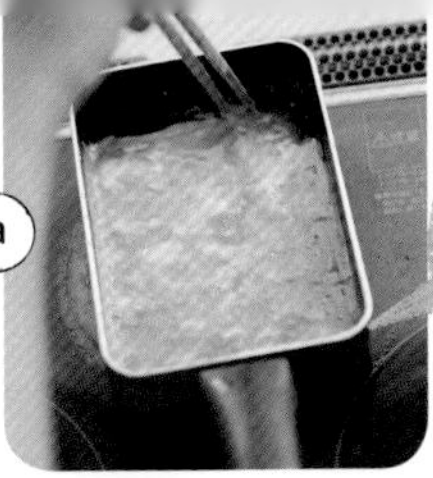

まずは⅓量の卵液を入れて

b

手前に巻きます。寄せるだけでもOK

c

巻いた卵の下にも卵液を流すのがコツ

d
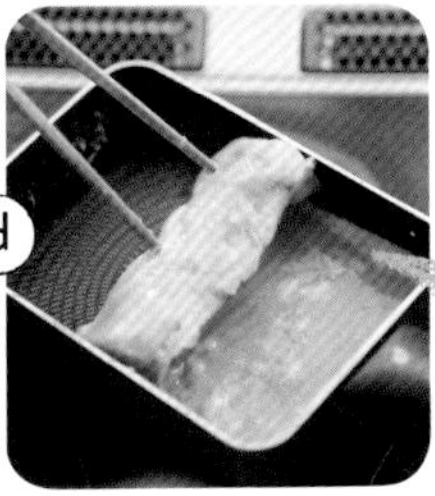

ちょっとくらいいびつでも大丈夫

e

最後の卵を流し入れます

f

最後は丁寧にくるりと巻いて！

上手に巻けなくてもおいしさは変わりません！

BASIC 'TAMAGOYAKI'

しらすの巻かないだし巻き卵

水とだしの素を加えた、ふんわりだし巻き風の卵焼き。巻かないで作る簡単な方法をご紹介します。片栗粉を入れると形作りやすいです。

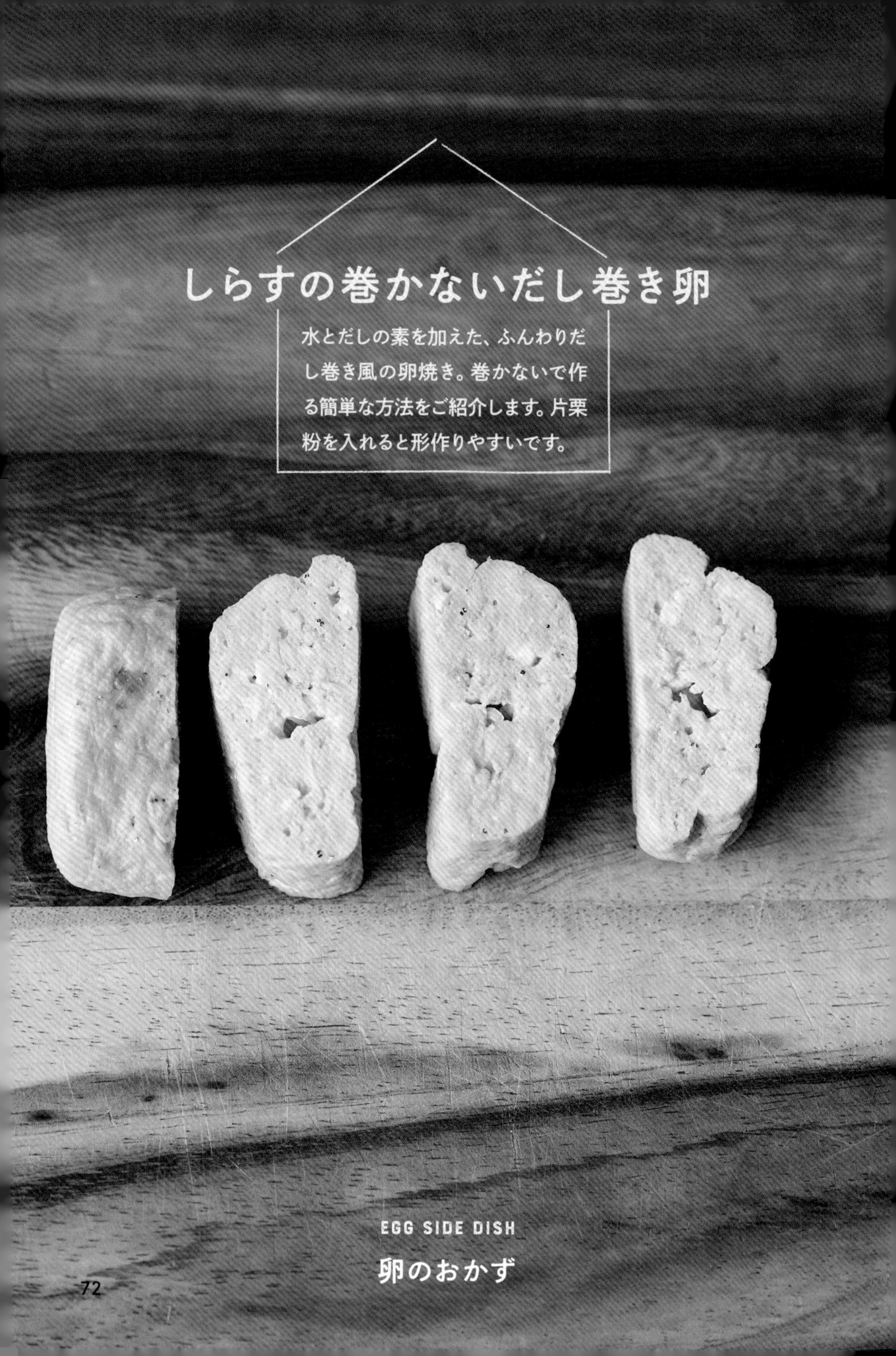

a

まずは半分の
量の卵を
流し入れます

b

菜箸でくるくると
かき混ぜて
半熟に

c

卵液は
二度に分けて
入れると
火が通りやすい

d

全体が半熟に
なったら、
徐々に手前に
寄せて！

e
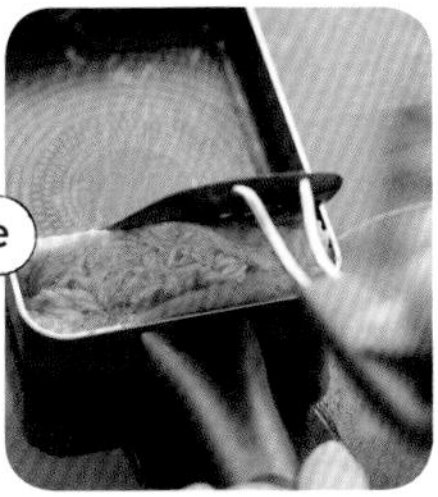

半分に
折りたたむように
寄せます

f
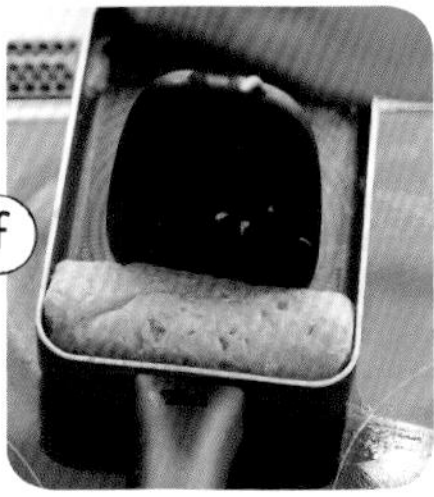

巻かなくても
卵焼きの形が
でき上がり！

材料（作りやすい分量）

卵……2個
しらす干し……40g
A 水……大さじ1
　和風だしの素（顆粒）……小さじ½
　片栗粉……小さじ½
　しょうゆ……小さじ½
　砂糖……ひとつまみ
　塩……ひとつまみ
サラダ油……小さじ1

1 卵は溶きほぐし、しらす干し、Aを加えて混ぜる。
2 卵焼き器に油を中火で熱し、卵液の½量を流し入れる。
3 菜箸でかき混ぜ、半熟状にかたまってきたら、残りの卵液を流し入れて同様にかき混ぜる。
4 へらで手前に寄せていき、最後は半分に折りたたむようにして卵焼きの形を作る。冷めたら好みの大きさに切る。

巻くのが面倒なときは巻かない卵焼きで勝負！

ARRANGE 'TAMAGOYAKI'

卵2個で卵焼き

ひと巻きで十分かわいい
韓国のり巻き卵焼き

材料（作りやすい分量）
卵……2個
韓国のり……4枚
砂糖……ひとつまみ
塩……少々
ごま油……適量
白炒りごま……少々

ARRANGE 'TAMAGOYAKI' 2 EGGS

1 卵は溶きほぐし、砂糖、塩を加えて混ぜる。
2 卵焼き器にごま油少々を中火で熱し、卵液の⅓量を流し入れて奥から手前に巻く。
3 **2**を奥にすべらせて、手前にごま油少々を足す。
4 残りの卵液の半量を流し入れ、巻いた卵の下にも卵液を入れる。韓国のりを並べ、同様に巻く。
5 **3**～**4**をもう一度繰り返す（のりはのせない）。冷めたら好みの大きさに切り、白ごまをのせる。

ピンクの層がキュート
明太子巻き卵焼き

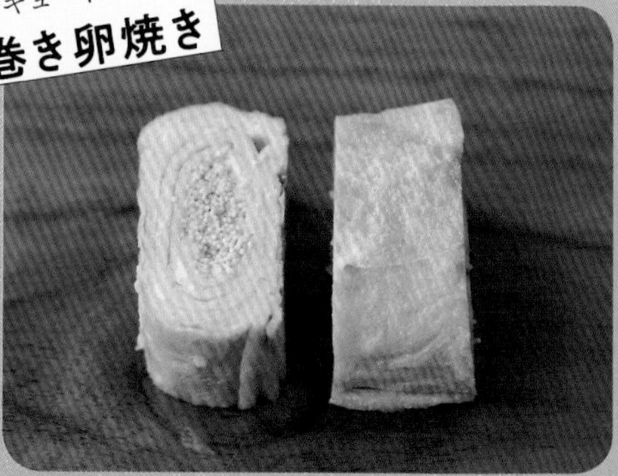

材料（作りやすい分量）
卵……2個
明太子（ほぐす）……小さじ2
A 砂糖……小さじ1
　みりん……小さじ⅓
　塩……少々
サラダ油……適量

1 卵は溶きほぐし、Aを加えて混ぜる。
2 卵焼き器に油少々を中火で熱し、卵液の⅓量を流し入れて明太子を奥にのせ、明太子が芯になるように奥から手前に巻く。
3 巻いた卵を奥にすべらせて、手前に油少々を足す。
4 残りの卵液の半量を流し入れ、巻いた卵の下にも卵液を入れて同様に巻く。
5 **3**～**4**をもう一度繰り返す。冷めたら好みの大きさに切る。

お好み焼き風な味わい

ねぎと紅しょうがの巻かないだし巻き卵

材料(作りやすい分量)

卵……2個
細ねぎ……1本
紅しょうが……10g
A 水…… 大さじ1
和風だしの素(顆粒)…… 小さじ½
片栗粉…… 小さじ½
砂糖…… ひとつまみ
塩…… ひとつまみ
サラダ油…… 小さじ1

1 細ねぎは小口切りに、紅しょうがはみじん切りにする。

2 卵は溶きほぐし、 1、Aを加えて混ぜる。

3 卵焼き器に油を中火で熱し、卵液の半量を流し入れる。菜箸でかき混ぜ、半熟状にかたまったら、残りの卵液を入れてかき混ぜる。

4 へらで手前に寄せていき、最後は半分に折りたたむようにして形作る。冷めたら好みの大きさに切る。

独特の食感がくせになる

えのきの巻かないだし巻き卵

材料(作りやすい分量)

卵……2個
えのきたけ……50g
A 水…… 大さじ1
和風だしの素(顆粒)…… 小さじ½
片栗粉…… 小さじ½
砂糖…… ひとつまみ
塩…… ひとつまみ
サラダ油…… 小さじ1

1 えのきは石づきを取って1㎝幅に切る。耐熱容器に入れてふんわりとラップをかけ、電子レンジで2分加熱する。

2 卵は溶きほぐし、 1、Aを加えて混ぜる。

3 卵焼き器に油を中火で熱し、卵液の半量を流し入れる。菜箸でかき混ぜ、半熟状にかたまったら、残りの卵液を入れてかき混ぜる。

4 へらで手前に寄せていき、最後は半分に折りたたむようにして形作る。冷めたら好みの大きさに切る。

卵1個でスクランブルエッグ

'SCRAMBLED EGGS' 1 EGG

マヨネーズを入れるとふんわり

プレーンスクランブルエッグ

材料(作りやすい分量)

卵……1個

A マヨネーズ……大さじ1
　塩、こしょう……各少々

サラダ油……小さじ1

1 卵は溶きほぐし、Aを加えて混ぜる。

2 フライパンに油を中火で熱し、**1**を流し入れる。卵がかたまってきたら、菜箸などでゆっくりかき混ぜ、ふんわりとして中まで火が入ったら火を止める。

ごはんに合う味

高菜のスクランブルエッグ

材料(作りやすい分量)

卵……1個

高菜漬け(刻んだもの)……10g

A マヨネーズ……大さじ1
　塩、こしょう……各少々

ごま油……小さじ1

1 卵は溶きほぐし、高菜漬け、Aを加えて混ぜる。

2 フライパンにごま油を中火で熱し、**1**を流し入れる。卵がかたまってきたら、菜箸などでゆっくりかき混ぜ、ふんわりとして中まで火が入ったら火を止める。

卵1個でオムレツ

'OMELETTE' 1 EGG

そのままごはんにのせても
かにかまオムレツ

材料(作りやすい分量)
卵……1個
かに風味かまぼこ……2本
A 鶏ガラスープの素(顆粒)
……小さじ1
塩、こしょう……各少々
ごま油……小さじ1

1 卵は溶きほぐし、かにかまを裂いて入れ、Aを加えて混ぜる。
2 フライパンにごま油を中火で熱し、**1**を流し入れる。菜箸でかき混ぜて半熟状になったら、へらなどで半分に折りたたんで半月形にまとめる。火を止めて余熱で中まで火を入れる。

冷凍枝豆があると便利！
枝豆オムレツ

材料(作りやすい分量)
卵……1個
枝豆(冷凍)……20g
A マヨネーズ……大さじ1
塩、こしょう……各少々
粉チーズ……小さじ1
オリーブオイル……大さじ1

1 枝豆は解凍し、さやから実を取り出す。
2 卵は溶きほぐし、**1**、Aを加えて混ぜる。
3 フライパンにオイルを中火で熱し、**2**を流し入れる。菜箸でかき混ぜて半熟状になったら、へらなどで半分に折りたたんで半月形にまとめる。火を止めて余熱で中まで火を入れる。

中華風おかずにも合う

にんにくじょうゆ漬け卵

材料(作りやすい分量)

卵……2個

A しょうゆ……大さじ2

みりん……大さじ2

砂糖……大さじ1

にんにく(薄皮をむく)……1かけ

沸騰した湯に卵を入れて7分ゆでる。粗熱が取れたら殻をむき、ポリ袋にAとともに入れ、一晩漬ける。

＊2〜3日保存可。

ARRANGE 'TSUKETAMAGO'

作っておける漬け卵

こっくり濃厚

みそ漬け卵

材料(作りやすい分量)

卵……2個

A みそ……大さじ2

みりん……大さじ1

沸騰した湯に卵を入れて7分ゆでる。粗熱が取れたら殻をむき、ポリ袋にAとともに入れ、一晩漬ける。

＊2〜3日保存可。

あっという間にできる！

半月目玉焼き

材料（作りやすい分量）

卵……1個

塩、こしょう……各少々

サラダ油……大さじ½

1 フライパンに油を中火で熱し、卵を割り入れ、塩、こしょうをふる。

2 縁が焼けてきたら半分に折りたたんで半月形にし、中まで火を通す。

ARRANGE 'MEDAMAYAKI'

卵1個で目玉焼き

めんつゆで最速おかず

目玉照り焼き

材料（作りやすい分量）

卵……1個

塩、こしょう……各少々

A めんつゆ（2倍濃縮）……大さじ1

　水……大さじ1

サラダ油……大さじ½

1 フライパンに油を中火で熱し、卵を割り入れ、塩、こしょうをふる。

2 片面が焼けたら裏返し、混ぜ合わせたAを加えて絡める。

PROCESSED FOODS SIDE DISH

加工品のおかず

肉や魚の加工品は味がしっかりしていてうまみがあるので、味つけは最低限でOK。野菜と合わせて軽く調味する程度でパパッと完成。日持ちするので、常備しておくとよいでしょう。

ちくわ

相性抜群の組み合わせ

ちくわとピーマンのしょうゆ炒め

材料（作りやすい分量）

ちくわ……2本
ピーマン……1個
しょうゆ……小さじ1
白炒りごま……小さじ1
ごま油……大さじ1

1 ちくわは5㎜厚さの輪切りにし、ピーマンは縦4等分に切ってから、横1㎝幅に切る。

2 フライパンにごま油を中火で熱し、**1**を炒める。

3 全体に油がなじんだら、しょうゆを回しかけ、白ごまを加えて混ぜる。

楊枝で刺して一口サイズに

ちくわのかば焼き

材料（作りやすい分量）

ちくわ……2本
A　しょうゆ、みりん、酒
　　……各大さじ1
　砂糖……小さじ1
サラダ油……大さじ½

1 ちくわは縦に切り目を入れて開き、横4等分に切る。楊枝で縫うように刺して平らにする。

2 フライパンに油を中火で熱し、ちくわの両面をこんがりと焼く。混ぜ合わせたAを加えて絡める。

ウインナー

細かく切り込みを入れるのがコツ

切り込みウインナーのペッパー焼き

材料（作りやすい分量）

ウインナー…… 4本
粗びき黒こしょう …… 少々
サラダ油 …… 小さじ1

1 ウインナーは斜めに細かく切り込みを入れる。

2 フライパンに油を中火で熱し、**1**を入れて転がしながら焼く。切り目が開いてこんがりしてきたら、黒こしょうをふる。

子どもから大人まで大好き

ウインナーコーン炒め

材料（作りやすい分量）

ウインナー…… 4本
コーン（缶詰）…… 50g
塩、こしょう …… 各少々
ドライハーブ（タイムなど好みで）…… 少々
オリーブオイル …… 小さじ2

1 ウインナーは斜め一口大に切る。

2 フライパンにオイルを中火で熱し、**1**を炒める。焼き色がついたらコーンを加え、塩、こしょう、ドライハーブで味を調える。

ベーコン・ハム

見た目もかわいい巻きおかず

ズッキーニのベーコン巻き

材料（作りやすい分量）

ベーコン（薄切り）…… 4枚
ズッキーニ …… ½本（8㎝長さ）
塩、粗びき黒こしょう …… 各少々
オリーブオイル …… 小さじ1

1 ズッキーニは長さを半分に切ってから縦4等分に切る。ベーコンは長さを半分に切る。

2 ズッキーニをベーコンで巻き、巻き終わりを楊枝で留める。

3 フライパンにオイルを中火で熱し、こんがりするまで両面を焼く。塩、黒こしょうをふる。

ツナ缶

お弁当に入っているとうれしい
ツナとマカロニのサラダ

材料(作りやすい分量)
マカロニ(早ゆでタイプ)…… 40g
ツナ缶(油漬け)…… 小1缶
玉ねぎ…… ¼個
塩…… 適量
A マヨネーズ…… 大さじ2
　粒マスタード…… 小さじ1
　塩、こしょう…… 各少々

1 玉ねぎは薄切りにし、塩少々をふって軽くもみ、5分ほどおく。ツナは軽く油をきる。
2 マカロニは塩少々を加えた熱湯で袋の表示通りにゆで、湯をしっかりきる。
3 ボウルに**2**、水けを絞った玉ねぎ、ツナ、Aを入れてあえる。

止まらないおいしさ
オクラツナポン

材料(作りやすい分量)
オクラ…… 4本
ツナ缶(油漬け)…… 小1缶
塩…… 少々
ポン酢…… 大さじ2
かつお節…… ½袋(2g)

1 オクラはへたを切ってがくをむき、塩少々(分量外)をふって板ずりをする。沸騰した湯に塩を入れ、オクラをさっとゆでる。
2 流水にさらし、粗熱が取れたら斜め半分に切る。
3 ボウルに油をきったツナ、**2**、ポン酢、かつお節を入れてあえる。

ハムの塩けがちょうどよい
ハムと大根のサラダ

材料(作りやすい分量)
大根…… 100g
ハム…… 3枚
塩…… 少々
A オリーブオイル
　…… 大さじ1
　レモン汁…… 小さじ1
　塩、粗びき黒こしょう
　…… 各少々

1 大根は皮をむいて薄いいちょう切りにし、塩をふって軽くもみ、5分ほどおく。ハムは8等分に切る。
2 大根の水けを絞ってボウルに入れ、ハム、Aを加えてあえる。

さば缶

お好きな青菜でどうぞ

さばの青菜あえ

材料(作りやすい分量)

さば缶(水煮)……1缶(190g)
ほうれん草……1束
A 白すりごま…… 小さじ1
しょうゆ…… 小さじ½
砂糖…… 小さじ1

1 ほうれん草はラップに包み、電子レンジで3分加熱する。水にさらして水けを絞り、3〜4cm長さに切る。
2 Aをボウルに入れて混ぜ、汁けをきったさば、**1**を加えてあえる。

ごはんにふりかけて

さばみそそぼろ

材料(作りやすい分量)

さば缶(みそ煮)……1缶(190g)
しょうが(せん切り)……1かけ
白すりごま…… 小さじ1
ごま油…… 小さじ2

1 フライパンにごま油を中火で熱し、汁けをきったさば、しょうがを炒める。
2 汁けがなくなったら白ごまを加えて混ぜる。

STAGE 3

バリエーションについて考えてみる

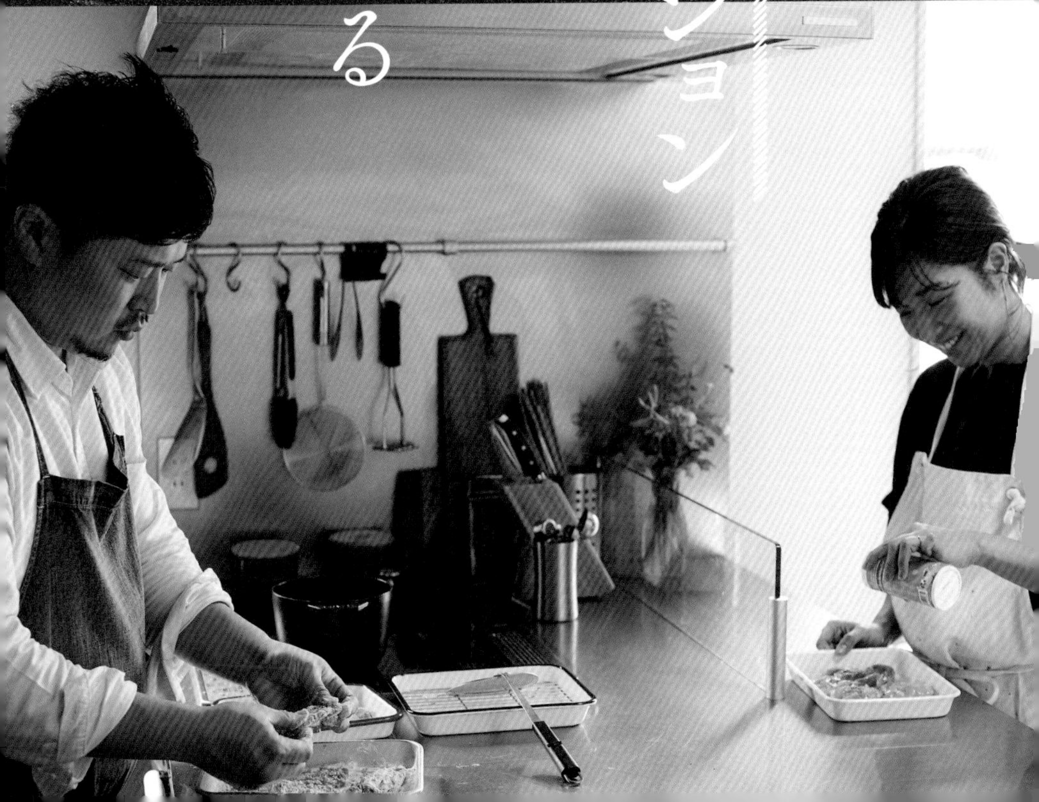

「バリエーション」についての作戦会議

T
これまで、主菜と副菜の組み合わせ方、時短調理のアイデアについて考えてきましたが、毎日のお弁当となると、作るほうも食べるほうも**マンネリ化**してしまいがち

S
そもそも、**メインになる食材は肉か魚**。肉だったら通常、鶏肉、豚肉、牛肉の中から選ぶことに。大きなかたまり肉や、汁けの多い料理はお弁当には向かないので、ふだんのおかずよりも限られてしまうよね

T
だからこそ、**調味料を替えるくらいの変化**でいいんじゃないかな。いつもはしょうゆで味つけするところを、オイスターソースにしてみたり。ポン酢やめんつゆにしてみたり

S
七味唐辛子やマヨネーズを加えてみるのも手

T
調味料ってよくできているから、それだけでおいしくなるんだよね。だから、あまり考えすぎず、いろいろと試してもらいたいな
S
鶏肉があったら、じゃあ、明日はどの調味料で味つけしよう、どの野菜を組み合わせようって、楽しく考えられたらいいよね
T
素材と調味料の組み合わせは無限。野菜との組み合わせでさらに広がります。お弁当に向く定番素食材を取り上げて、味つけのバリエーション例を紹介したら(p.90〜)、そこからもっと広げてもらえるかもしれない
S
和だしを鶏ガラスープの素に替えれば、和風が中華風になるので、それだけでも味わいが変化します。和のおかずだけでなく、中華風や洋風、エスニックおかずが入っているお弁当もいいよね

T
中華やエスニック系は、ごはんが進むしね。
中華っぽいおかずに
和の甘い卵焼きを合わせるのも、僕は好きだな
おかずがマンネリ化
するようなら、ごはんのほうを
変えてあげてもいいと思います。
味つきごはん（p.98〜）にすると、
それがメインになるので、
副菜が少なくてもいい
S
T
僕は、やっぱりチャーハン弁当だな。
お弁当箱にチャーハンだけぎっしり！
チャーハン♡
好きだよね、1点豪華主義（笑）。
あと、炊き込みごはんは、材料入れて
ボタンを押すだけなので、
手間をかけたくない日はおすすめ
S

T
チャーハンや炊き込みごはんもそうだけど、
ガパオライスやそぼろごはんなど、
ごはんの上におかずをのっけるだけのお弁当は、
詰めるときのコツがいらないのが楽！

S
あとは、おにぎりにすると、
また違った雰囲気が味わえます。
大きめのおにぎり2個に具だくさんのスープを組み合わせれば完璧。
スープジャーに入れていけば、
あたたかい汁ものが食べられてうれしいな

T
ときには、**ごはんメインのお弁当**とか、
スープジャー弁当などを
組み合わせていけば、飽きずに
食べられそうだね

「バリエーション」についての**作戦会議**

VARIATION

定番食材のバリエーション

今日、家にあるこの食材、どうしよう？と思ったときに活用してみてください。調味料や食材の組み合わせで料理の幅が広がります。

『鶏もも肉』で

食べごたえがあって、冷めてもおいしい鶏肉はお弁当に欠かせない食材。一口大にカットされた、から揚げ用を使うと包丁いらず。

オイスターソースを
加えるだけで
一気に中華味に変身！

鶏肉とチンゲンサイのオイスター炒め

材料（1人分）

鶏もも肉（から揚げ用）…… 100g
塩、こしょう …… 各少々
チンゲンサイ …… ½株
A オイスターソース …… 大さじ1
　しょうゆ …… 大さじ½
　砂糖 …… 小さじ1
ごま油 …… 小さじ1

1 鶏肉は塩、こしょうをふる。チンゲンサイはざく切りにする。Aは混ぜ合わせておく。

2 フライパンにごま油を中火で熱し、鶏肉を皮目から入れる。焼き色がついたら返して、裏面も焼く。

3 チンゲンサイを加えて炒め、しんなりしたらAを回し入れて全体に絡める。

ポン酢でチキン南蛮 タルタルソースがけ

ポン酢を絡めた
さっぱり鶏肉に
タルタルをたっぷり

材料(1人分)
鶏もも肉(から揚げ用)……100g
塩、こしょう……各少々
薄力粉……大さじ2
ポン酢……大さじ3
サラダ油……小さじ1

◎タルタルソース
ゆで卵……1個
玉ねぎ……¼個
A マヨネーズ……大さじ2
　レモン汁……小さじ½
　塩、こしょう……各少々

1 タルタルソースを作る(右記)。玉ねぎはみじん切りにし、水にさらす。ゆで卵の殻をむき、ボウルに入れてフォークで細かくつぶし、水けを絞った玉ねぎ、Aを加えて混ぜる。
2 鶏肉は塩、こしょうをふり、薄力粉をまぶす。フライパンに油を中火で熱し、鶏肉を皮目から入れる。焼き色がついたら返して裏面も焼き、ポン酢を加えて絡める。
3 弁当箱に詰めるときに、鶏肉にタルタルソースをかける。

鶏肉とじゃがいものBBQソテー

ケチャップ＋ソースは
肉をこっくり
おいしくさせる
万能調味料

材料(1人分)
鶏もも肉(から揚げ用)……100g
塩、こしょう……各少々
じゃがいも……1個
A トマトケチャップ……大さじ1
　中濃ソース……大さじ1
　酒……大さじ1
オリーブオイル……大さじ1

1 鶏肉は塩、こしょうをふる。じゃがいもは皮をむいて乱切りにし、耐熱容器に入れる。水大さじ2を加えてふんわりとラップをかけ、電子レンジで3～4分加熱する。Aは混ぜ合わせておく。
2 フライパンにオイルを中火で熱し、鶏肉を皮目から入れる。じゃがいもも一緒に入れ、焼き色がついたら裏返し、Aを加えて絡める。

『豚こま切れ肉』で

小さくカットされているので使いやすく、ほどよく脂も入っていて十分おいしい。大きいものは食べやすく切りましょう。

包丁もまな板も
必要なし！
炒め合わせれば
完成

豚キムチ

材料（1人分）

豚こま切れ肉 …… 100g
塩、こしょう …… 各少々
白菜キムチ …… 70g
酒 …… 大さじ1
しょうゆ …… 小さじ1
白炒りごま …… 小さじ2
ごま油 …… 小さじ1

1 豚肉は塩、こしょうをふる。
2 フライパンにごま油を中火で熱し、豚肉を炒める。
3 豚肉の色が変わったら、白菜キムチ、酒、しょうゆを加えて炒め合わせ、白ごまをふる。

豚肉となすの甘みそ炒め

なすは
レンチンすると
中までしんなり。
炒め時間が
短縮できます

材料(作りやすい分量)

豚こま切れ肉……100g
塩、こしょう……各少々
なす……1本
A みそ……大さじ½
　酒……大さじ½
　しょうゆ……小さじ1
　砂糖……小さじ1
サラダ油……小さじ1

1 豚肉は塩、こしょうをふる。Aは混ぜ合わせておく。
2 なすは楊枝で数か所刺してラップで包み、電子レンジで1分加熱する。粗熱が取れたら一口大に切る。
3 フライパンに油を中火で熱し、豚肉を炒める。肉の色が変わったら、**2**、Aを入れて炒め合わせる。

VARIATION

豚肉のかつおポン酢

細かく刻んで
ふりかけ風に。
味濃いめで
ごはんによく合う

材料(1人分)

豚こま切れ肉……100g
塩、こしょう……各少々
A ポン酢……大さじ1
　砂糖……小さじ½
　酒……小さじ1
かつお節……½袋(2g)
サラダ油……小さじ1

1 豚肉は刻み、塩、こしょうをふる。
2 フライパンに油を中火で熱し、豚肉を炒める。
3 肉の色が変わったらAを加えて炒め合わせる。全体に味がなじんだら、かつお節を加えてさっと絡める。

＊小分けにしてラップに包んで冷凍しておくと、困ったときのお弁当おかずとして便利。ごはんに混ぜたり、めんにのせて絡めて食べてもおいしい。

『牛こま切れ肉』で

牛肉の中でも手ごろな価格で買い求めやすい牛こま切れ肉。薄切りなので使いやすく、さっと火が通るのもうれしい。

牛肉とミニトマトの甘辛煮

材料（1人分）

牛こま切れ肉……100g
塩、こしょう…… 各少々
ミニトマト……3個
A しょうゆ、みりん…… 各小さじ2
　砂糖…… 小さじ½
　水…… 大さじ2
サラダ油…… 小さじ1

1 牛肉は塩、こしょうをふる。ミニトマトはへたを取る。Aは混ぜ合わせておく。

2 フライパンに油を中火で熱し、牛肉を炒める。

3 牛肉の色が変わったら、ミニトマト、Aを加え、牛肉に味が絡むまで炒め煮にする。

まったりした牛肉を
粒マスタードが
ぴりっと引き締めます

牛肉といんげんの粒マスタード炒め

材料(1人分)

牛こま切れ肉……100g
酒……大さじ1
塩、こしょう……各少々
さやいんげん……3本
A 粒マスタード……大さじ½
　しょうゆ……小さじ1
オリーブオイル……小さじ1

1 牛肉は酒、塩、こしょうをふる。いんげんは両端を切り落とし、4cm幅に切る。
2 フライパンにオイルを中火で熱し、牛肉、いんげんを入れて炒める。
3 牛肉の色が変わったらAを加えて混ぜる。

VARIATION

牛肉ともやしのガーリックじょうゆ

見た目は地味ですが
味はパンチがあります。
ごはんが進む!

材料(1人分)

牛こま切れ肉……100g
塩、こしょう……各少々
もやし……½袋
A にんにく(すりおろし)
　……小さじ⅓
　しょうゆ……小さじ2
　酒……小さじ1
粗びき黒こしょう……少々
ガーリックチップ……3~4枚
サラダ油……小さじ2

1 牛肉は塩、こしょうをふる。
2 フライパンに油を中火で熱し、牛肉を炒める。
3 牛肉の色が変わったら、もやし、Aを加えて強火にし、さっと炒める。黒こしょうをふり、ガーリックチップを加える。

『魚の切り身』で

魚の切り身は、食べやすくお弁当向き。野菜などほかの食材との組み合わせよりも、調味料で味のバリエーションを出すとよいでしょう。

ぶりバター

材料（１人分）

ぶり …… 1切れ
酒 …… 大さじ1
塩 …… 少々
薄力粉 …… 大さじ1
A しょうゆ …… 小さじ2
　みりん …… 小さじ1
　酒 …… 小さじ1
　砂糖 …… 小さじ½
バター …… 5g

1 ぶりは酒、塩をふって10分ほどおく。ペーパータオルで水けを拭き、薄力粉をまぶす。Aは混ぜ合わせておく。

2 フライパンにバターを中火で熱し、ぶりを入れて両面を焼く。

3 Aを加えてとろりとするまで煮絡める。

さばのクミン焼き

材料(1人分)
生さば……1切れ
酒……大さじ1
塩……適量
クミンシード……小さじ1/3
オリーブオイル……小さじ1
レモン……1/4個

クミンシードを
ふるだけで、
エスニック風味に

1 さばは皮目に切り込みを入れ、酒、塩少々をふって15分ほどおく。ペーパータオルで水けを拭き、塩少々をふる。
2 フライパンにオイルを中火で熱し、クミンを入れる。
3 クミンの香りが立ってきたら、さばを皮目から入れて焼く。こんがりしたら裏返して両面を焼く。レモンを搾りかけて弁当箱に詰める。

VARIATION

かじきのごま衣焼き

材料(1人分)
かじき……1切れ
酒……大さじ1
塩……少々
白炒りごま……大さじ2
A しょうゆ……大さじ1/2
酒……大さじ1/2
みりん……大さじ1/2
サラダ油……大さじ1

香ばしいごま衣は
食べごたえがあって
プチプチ食感も楽しい

1 かじきは酒、塩をふって10分ほどおき、ペーパータオルで水けを拭く。ポリ袋にAを入れ、かじきを10分ほど漬ける。
2 バットなどにごまを広げ、**1**の汁けをきって、ごまをまぶしつける。
3 フライパンに油を弱めの中火で熱し、**2**を入れる。焼き色がついたら裏返し、弱火にして中まで火を通す。ごまが落ちやすいので、多めの油で揚げ焼きにするとよい。

Tatsuya

焼き豚とちくわのチャーハン

市販の焼き豚とちくわが味を決めてくれるので、味つけは塩としょうゆだけ。香味野菜のにんにく、しょうが、ねぎは欠かせない脇役です。

'GOHAN' VARIATION

ごはんでバリエーション

時間がない日は、味つきごはん一品だけでもいいと思います。たんぱく質と野菜が入っているので栄養は問題なし。箸休め程度に、ごく簡単な副菜や加工品、漬けものなどを詰めて。

SHINO

シーフードミックスとレタスのチャーハン

冷凍のシーフードミックスを使うから、いろいろな魚介を贅沢に使ったチャーハンも簡単。シャキシャキしたレタスがポイント。

材料（1人分）

焼き豚（市販品）……30g
ちくわ……½本
卵……1個
ごはん……250g（多めの1膳分）
にんにく（みじん切り）……½かけ
しょうが（みじん切り）……½かけ
長ねぎ（みじん切り）……5cm
細ねぎ（小口切り・あれば）……1本
しょうゆ……小さじ1
塩、こしょう……各少々
ごま油……大さじ1

1 焼き豚は1cm角に切り、ちくわは縦半分に切って5mm厚さに切る。卵は溶きほぐす。

2 フライパンにごま油、にんにく、しょうが、長ねぎを入れて弱火で熱し、香りが立つまで炒める。

3 焼き豚を加えて炒め、ごはんを加えてほぐし、ちくわを加えて炒める。

4 ごはんを端に寄せ、溶き卵を加えてかき混ぜ、半熟状になったら全体を炒め合わせる。細ねぎを加え、しょうゆを回しかけて炒め合わせ、塩、こしょうで味を調える。

材料（1人分）

シーフードミックス（冷凍）……100g
レタス……⅙個
卵……1個
ごはん……250g（多めの1膳分）
しょうが（みじん切り）……½かけ
長ねぎ（みじん切り）……5cm
A 鶏ガラスープの素……小さじ½
　オイスターソース……小さじ1
　しょうゆ……小さじ1
塩、粗びき黒こしょう……各少々
サラダ油……大さじ1

1 レタスは手でちぎり、卵は溶きほぐす。

2 フライパンに油、しょうが、長ねぎを入れて弱火で熱し、香りが立つまで炒める。

3 シーフードミックスを冷凍のまま加えて混ぜ、シーフードの氷が溶けたら、ごはんを加えてほぐしながら炒める。

4 ごはんを端に寄せ、溶き卵を加えてかき混ぜ、半熟状になったら全体を炒め合わせる。A、レタスを加えて炒め、塩、黒こしょうで味を調える。

弁当対決！

Tatsuya VS SHINO

Tatsuyaの焼き豚とちくわのチャーハン弁当

「僕はチャーハン一品で勝負！
朝、時間がなければ、
前の晩に材料を切っておくと
短時間でできます。
紅しょうがはたっぷりと」

MENU

- 焼き豚とちくわのチャーハン (>>p.98)
- 紅しょうが

SHINOの シーフードミックスと レタスのチャーハン弁当

MENU

・シーフードミックスと
　レタスのチャーハン (>>p.98)
・ズッキーニのベーコン巻き (>>p.82)

「レタスチャーハンだけだと
さみしいかなと思い、
野菜の副菜を一品添えました。
ベーコンも入って彩り鮮やかで
見た目もかわいい」

Tatsuya

福神漬けが決め手！
炊飯器でカレーピラフ

カレーには福神漬けですが、カレーチャーハンを作るときに福神漬けを入れたらめちゃめちゃおいしかったのがメニュー誕生のきっかけ。

'GOHAN' VARIATION

SHINO

炊飯器で
カオマンガイ

鶏肉のだしをたっぷりごはんに吸わせたアジアの定番料理、カオマンガイ。料理上級者の味が、炊飯器で簡単に作れるのでおすすめ！

調味料と
具の玉ねぎを
一気に入れます

ピーマンと
福神漬けは
炊き上がりに入れて
色と食感を大切に

材料（作りやすい分量）

玉ねぎ……½個
ピーマン……1個
福神漬け（市販品）……大さじ2
米……2合
A 洋風スープの素（固形）……1個
　カレー粉……大さじ½
　トマトケチャップ……小さじ2
　ウスターソース……小さじ1
　しょうゆ……小さじ1
パセリ（好みで・みじん切り）……適量

1 玉ねぎ、ピーマンは1cm角に切る。
2 炊飯器の内釜に洗った米、Aを入れ、水を2合の目盛りよりやや少なめに注ぐ。玉ねぎを加えて普通に炊く。
3 炊き上がったらピーマン、福神漬けを加えて混ぜ、蒸らす。弁当箱に詰め、パセリを散らす。

炊飯器に鶏肉と
調味料を
入れるだけ！

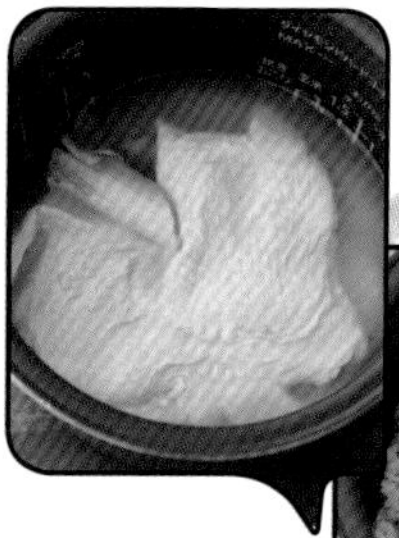

鶏肉のだしが
ごはんに
染み込みます

材料（作りやすい分量）

鶏もも肉……1枚
酒……大さじ1
塩、こしょう……各少々
しょうが（薄切り）……1かけ
長ねぎ（青い部分）……1本分
米……2合
A しょうゆ……大さじ1
　にんにく（すりおろし）……小さじ⅓
パクチー（葉をちぎる）、
　きゅうり（斜め切り）……各適量

◎ねぎソース（1人分）

長ねぎ（みじん切り）……5cm
ごま油……小さじ2
オイスターソース……小さじ1
しょうゆ……小さじ1
レモン汁……小さじ½
砂糖……ふたつまみ

1 鶏肉は酒、塩、こしょうをふって5分ほどおく。
2 炊飯器の内釜に洗った米、Aを入れ、水を2合の目盛りよりやや少なめに注ぐ。鶏肉、長ねぎの青い部分、しょうがをのせて普通に炊く。炊き上がったら、鶏肉、長ねぎ、しょうがを取り出してごはんを混ぜ、蒸らす。
3 ねぎソースの材料を合わせる。弁当箱にごはんを詰め、鶏肉を切ってのせ、鶏肉にねぎソースをかけ、きゅうりとパクチーを添える。

「カレーピラフには肉類が入っていないので、ウインナーは４本がマスト！　福神漬けを混ぜ込んだピラフとベストコンビ」

MENU

- 福神漬けが決め手！
  炊飯器でカレーピラフ（>>p.102）
- 切り込みウインナーのペッパー焼き（>>p.82）
- ゆで卵

Tatsuyaのカレーピラフ弁当

弁当対決！

Tatsuya VS SHINO

MENU

・炊飯器でカオマンガイ（>>p.102）

・焼きパプリカのごまマヨあえ（>>p.65）

SHINOのカオマンガイ弁当

「見た目は本格的ですが、

実は炊飯器で炊くだけ。

和風もいいけれど、たまには

こんなエスニック弁当も

うれしいですよね」

Tatsuya

鮭ときのこの炊き込みごはん

秋に出回る生鮭と秋の味覚きのこを炊き込んだ、しみじみおいしい
和風の炊き込みごはん。入れて炊くだけと手間いらずなのもうれしい。

'GOHAN' VARIATION

SHINO

牛ごぼうの混ぜごはん

牛肉とごぼうを甘辛く煮た牛ごぼうは、おかずとして詰めるもよし、
ごはんに混ぜ込むもよし。少量なので意外と短い時間でできあがります。

だしパックも
一緒に入れて
炊き込むと楽！

骨があったら
取り除きましょう

材料（作りやすい分量）

生鮭……2切れ
塩……適量
しめじ……60g
しょうが……1かけ
米……2合
だしパック……1袋
A しょうゆ……大さじ2
酒……大さじ1
塩……少々
ごま油……小さじ1

1 鮭は塩少々をふって10分ほどおき、ペーパータオルで水けを拭く。しめじは石づきを取って、手でほぐす。しょうがはせん切りにする。

2 炊飯器の内釜に洗った米、Aを入れ、水を2合の目盛りよりやや少なめに注ぐ。しょうが、しめじ、だしパックを入れ、鮭をのせて普通に炊く。

3 炊き上がったらだしパックを取り除き、鮭をほぐしながら全体を混ぜ（骨は取り除く）、ごま油、塩少々を加えて混ぜ、蒸らす。

牛ごぼうは
前日に作っておけば
当日は混ぜるだけ

材料（作りやすい分量）

牛こま切れ肉……100g
ごぼう……60g
しょうが（すりおろし）……1かけ
A しょうゆ……大さじ2
酒……大さじ2
砂糖……大さじ1
ごはん……2膳分

1 ごぼうはささがきにして水にさらし、水けをきる。

2 鍋にA、しょうが、**1**を入れて中火にかける。

3 ごぼうがしんなりしてきたら、牛肉を加える。汁けが飛ぶまで煮て、粗熱を取る。

4 ボウルにごはん、**3**を入れてさっくりと混ぜる。

Tatsuyaの鮭ときのこの炊き込みごはん弁当

弁当対決！

Tatsuya VS SHINO

「定番の炊き込みごはんに
合わせて、どうしても入れたかった
冷凍のカップグラタンを。
これが僕のお弁当の思い出の
味なんです」

MENU

- 鮭ときのこの炊き込みごはん（>>p.106）
- れんこんのナムル（>>p.68）
- 枝豆のめんつゆ漬け*
- かまぼこ、プロセスチーズ、冷凍チーズグラタン（市販品）、リーフ

＊枝豆のめんつゆ漬け … めんつゆ（2倍濃縮）を同量の水で割り、冷凍枝豆を凍ったまま入れて一晩漬けたもの。2～3日日持ちするので、お弁当のすき間用にあると便利。おつまみにも。

SHINOの
牛ごぼうの
混ぜごはん弁当

MENU

- 牛ごぼうの混ぜごはん (>>p.106)
- ちくわきゅうり*
- ミニトマト、新しょうがの甘酢漬け、
  白炒りごま、青じそ

「甘じょっぱい
牛ごぼうごはんには、
詰めるだけのミニトマトやガリ、
ちくわきゅうりなどのさっぱりした
添えものおかずを」

*ちくわきゅうり…ちくわの穴に縦4等分に切ったきゅうりを入れるだけ。きゅうりの代わりにプロセスチーズでも。切った断面がきれいなのでお弁当のおかずにぴったり。

Tatsuya

エスニック ガパオめし

タイ料理の人気メニュー、ガパオとは鶏肉のバジル炒めのこと。
オイスターソースとナンプラーでごはんが止まらない味つけです。

'GOHAN' VARIATION

SHINO

3色彩り そぼろごはん

お弁当といえば、そぼろごはんは外せません。肉そぼろと卵そぼろは
定番ですが、3色めを何にするかでそれぞれの家の味がわかります。

野菜は全部
同じサイズに
切るのがコツ

材料（作りやすい分量）

鶏ひき肉……150g
玉ねぎ……¼個
パプリカ（赤と黄を合わせて。
なければどちらか）……½個
しいたけ……1枚
にんにく……½かけ
バジルの葉……5〜6枚
A オイスターソース……大さじ1
ナンプラー……大さじ1½
しょうゆ……小さじ1
砂糖……小さじ1
ごま油……小さじ1
揚げ焼き卵（p.112）……1人分1個

1 玉ねぎ、パプリカ、しいたけは大きさをそろえて、1cm角に切る。にんにくは粗みじん切りにする。
2 フライパンにごま油、にんにくを入れて弱火で熱し、香りを出す。ひき肉を入れて中火で炒め、色が変わってきたら玉ねぎ、しいたけ、パプリカを加えて炒める。Aを加えて火を強め、全体が混ざったらバジルの葉をちぎって加え、さっと炒める。塩、こしょう（材料外）で味を調える。
3 弁当箱にごはん（材料外）を詰め、**2**、揚げ焼き卵をのせる。

肉そぼろは
日持ちするので
作りおきしても

材料（作りやすい分量）

◎肉そぼろ
豚ひき肉……100g
A しょうが（すりおろし）……小さじ½
しょうゆ……小さじ2
酒……小さじ1
砂糖……小さじ2
◎卵そぼろ
卵……1個
B みりん……小さじ½
酒……小さじ½
砂糖……小さじ1
塩……ひとつまみ
◎きぬさやのごまあえ
きぬさや……3枚
塩……少々
白炒りごま……少々
ごま油……小さじ1

1 肉そぼろを作る。鍋にひき肉、Aを入れて中火にかけ、ぽろぽろになるまで炒める。
2 卵そぼろを作る。卵は溶きほぐしてBを混ぜる。フライパンに卵液を入れて中火にかけ、そぼろ状になるまでよく炒める。
3 きぬさやのごまあえを作る。きぬさやは筋を取って耐熱容器に入れ、水大さじ2、塩を加える。ふんわりとラップをかけ、電子レンジで30秒〜1分加熱する。斜め細切りにし、ごま油、白ごまであえる。
4 弁当箱にごはん（材料外）を詰め、**1**、**2**、**3**をのせる。

弁当対決!

Tatsuya VS SHINO

Tatsuyaの エスニック ガパオ弁当

「ざざっと炒めたおかずを
ごはんに豪快にのせるだけ。
トッピングの揚げ焼き卵は
お弁当なので、中まで
しっかり火を通してください」

MENU

- エスニックガパオめし (>>p.110)
- 揚げ焼き卵*

揚げ焼き卵…フライパンにたっぷりのサラダ油を熱し、卵を割り入れる。縁がチリチリと焼けてきたらひっくり返し、塩、こしょう各少々をふる。

「ぐっちさんにも『うまそう』と
ほめられた、3色そぼろ弁当。
一品一品が簡単なので、
意外と短時間で作れますよ」

MENU
・3色彩りそぼろごはん (>>p.110)
・ラディッシュのピクルス (>>p.65)

SHINOの 3色彩りそぼろ弁当

'ONIGIRI' VARIATION

おにぎり、いろいろ

手でにぎる 手でにぎったおにぎりって、なんだかおいしいもの。ぎゅっと強くにぎらず、外側だけかためて中はふわっとさせるのがコツです。ここでは我が家で定番のおにぎりの具を紹介します。

和風ツナマヨおにぎり

うちのツナマヨは
めんつゆを
入れるのがポイント

じゃこと枝豆のおにぎり

枝豆は色もきれいで
ボリュームもアップ。
冷凍があると便利です

ラップでにぎる 混ぜ込む具が大きいとにぎりにくいですが、ラップを使うとにぎりやすく、手も汚れません。ラップにごはんをのせてきゅっと絞れば丸い形に。俵形も作れます。

材料（2個分）

ごはん……260g

塩……適量

焼きのり……適量

◎ツナマヨ（作りやすい分量）

ツナ（油漬け）……小1缶

マヨネーズ……大さじ1

めんつゆ（2倍濃縮）

……小さじ1

1 ツナは油をきってボウルに入れ、マヨネーズ、めんつゆを加えて混ぜる。

2 ごはんはボウルに入れ、蒸気を飛ばすようにさっと混ぜる。手のひらを軽く湿らせて塩少々を広げ、ごはんの半量を手にのせる。

3 中央にくぼみをつけて**1**を適量入れ、ごはん少量でふたをする。やさしく丸めながら米をつぶさないように三角形ににぎり、のりを巻く。

梅干しとは違う
カリカリ梅とごまの
食感がお気に入り

カリカリ梅の青じそおにぎり

材料（2個分）

ごはん……260g

カリカリ梅……3～4個

白炒りごま……小さじ2

塩……適量

青じそ……2枚

1 カリカリ梅は種を除いて細かく刻む。ボウルにごはん、カリカリ梅、ごまを入れて混ぜる。

2 手のひらを軽く湿らせて塩少々を広げ、**1**の半量を手にのせる。やさしく丸めながら米をつぶさないように三角形ににぎり、青じそ1枚を巻く。

材料（2個分）

ごはん……260g

ちりめんじゃこ……10g

枝豆（冷凍）……30g

塩……少々

焼きのり……適量

1 枝豆は流水にさらして解凍し、さやから実を取り出す。ボウルにごはん、ちりめんじゃこ、枝豆、塩を入れて混ぜる。

2 ラップを広げて**1**の半量をのせ、きゅっと絞って丸形にしてから、手で俵形に広げるようにしてにぎり、のりを巻く。

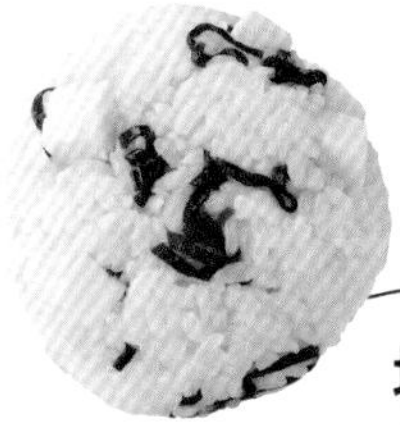

塩昆布とチーズ、
意外な組み合わせですが
納得のおいしさ！

塩昆布チーズおにぎり

材料（2個分）

ごはん……260g

塩昆布……5g

プロセスチーズ……30g

1 プロセスチーズは1cm角に切る。ボウルにごはん、塩昆布、チーズを入れて混ぜる。

2 ラップを広げて**1**の半量をのせ、きゅっと絞って丸形ににぎる。

'SOUP' VARIATION

スープ、いろいろ

たまには、おにぎり（p.114〜115）とスープのお弁当はいかがですか。スープを具だくさんにすれば満足度も高まります。

中華風の人気スープも
家庭で簡単に。
春雨入りで腹持ちもいい

豚肉とたけのこの酸辣湯《サンラータン》

材料（作りやすい分量）

豚ロース肉（薄切り）…… 60g
酒 …… 大さじ1
塩、こしょう …… 各少々
たけのこ（水煮・せん切り）…… 40g
春雨（乾燥）…… 30g
卵 …… 1個
片栗粉 …… 小さじ2
A 水 …… 600mℓ
　鶏ガラスープの素 …… 大さじ1
　しょうゆ …… 大さじ1
　みりん …… 大さじ½
　塩、こしょう …… 各少々
酢 …… 大さじ1
ごま油 …… 小さじ1
ラー油 …… 適量

1 豚肉は2cm幅に切り、酒、塩、こしょうをふる。
2 鍋にAを入れて火にかけ、煮立ったらたけのこ、豚肉を入れて弱火で5分ほど煮る。豚肉に火が通ったら春雨を入れ、塩、こしょう（分量外）で味を調える。
3 片栗粉を水大さじ1で溶いて加え、とろみがついたら、溶きほぐした卵を注ぎ入れる。酢、ごま油、ラー油を加える。

スープジャーについて

スープジャーを使って、あたたかいスープを持っていくのもおすすめ。春雨など水分を吸ってふやける食材は、かためにに火を通しておくと余熱でやわらかくなります。容量300〜380mℓのサイズが一般的で、ここでは1人分より多めに作るレシピになっています。

チルド餃子ときのこの中華スープ

材料(作りやすい分量)

冷蔵餃子(市販品)…… 6個

きのこミックス(しいたけ、しめじ、エリンギなど→p.54)…… 60g

細ねぎ……1本

A 水…… 600㎖

鶏ガラスープの素…… 大さじ1

しょうゆ…… 小さじ2

ごま油…… 小さじ1

塩、こしょう…… 各少々

1 きのこは食べやすく切り、細ねぎは小口切りにする。

2 鍋にAを入れて火にかけ、沸騰したらきのこを入れる。きのこがしんなりしてきたら餃子を入れてあたため、仕上げに細ねぎを散らす。

市販の冷蔵餃子は我が家ではよく使うお助けアイテム!

セロリと玉ねぎの香味野菜がおいしさの土台に

ミックスビーンズとウインナーのコンソメスープ

材料(作りやすい分量)

ミックスビーンズ(ドライパックなど)…… 30g

ウインナー……2本

玉ねぎ…… ¼個

セロリ …… ⅓本

洋風スープの素(固形)…… 1個

塩、こしょう…… 各少々

オリーブオイル…… 小さじ1

1 玉ねぎは薄切りに、セロリは筋を取って斜め薄切りにする。ウインナーは5㎜厚さに切る。

2 鍋にオイルを中火で熱し、玉ねぎ、セロリを炒める。しんなりしてきたら水600㎖、洋風スープの素を入れ、沸騰したらミックスビーンズ、ウインナーを加える。塩、こしょうで味を調える。

鶏肉と大根のゆずこしょう和風スープ

大根は
レンチンしておくと
加熱時間が
短縮できます

材料(作りやすい分量)

鶏もも肉(から揚げ用)…… 100g
酒、塩 …… 各少々
大根 …… 100g
A だし汁 …… 600mℓ
　しょうゆ、酒 …… 各大さじ1
ゆずこしょう …… 小さじ½

1 鶏肉は酒、塩をふる。大根は皮をむいて5㎜厚さのいちょう切りにし、水にさっとくぐらせる。耐熱皿に入れてふんわりとラップをかけ、電子レンジで2分加熱する。

2 鍋にAを入れて火にかける。沸騰したら**1**を入れ、鶏肉に火が通ったら、ゆずこしょうを溶き入れる。

シーフードミックスで簡単！純豆腐《スンドゥブ》

どれもパックから
出すだけの食材で
あっという間に完成

材料(作りやすい分量)

シーフードミックス(冷凍)…… 150g
白菜キムチ …… 80g
絹ごし豆腐 …… 150g
A 水 …… 600mℓ
　鶏ガラスープの素 …… 大さじ1
　しょうゆ …… 小さじ1
みそ …… 小さじ2
白炒りごま …… 小さじ1

1 鍋にA、豆腐を入れて火にかける。あたたまったら白菜キムチ、シーフードミックスを入れる。

2 沸騰したら火を止め、みそを溶き入れる。再度火にかけてあたため、仕上げにごまをふる。

STAGE

4

お弁当を作る前に知っておきたいこと

「お弁当を作る前」最後の
作戦会議

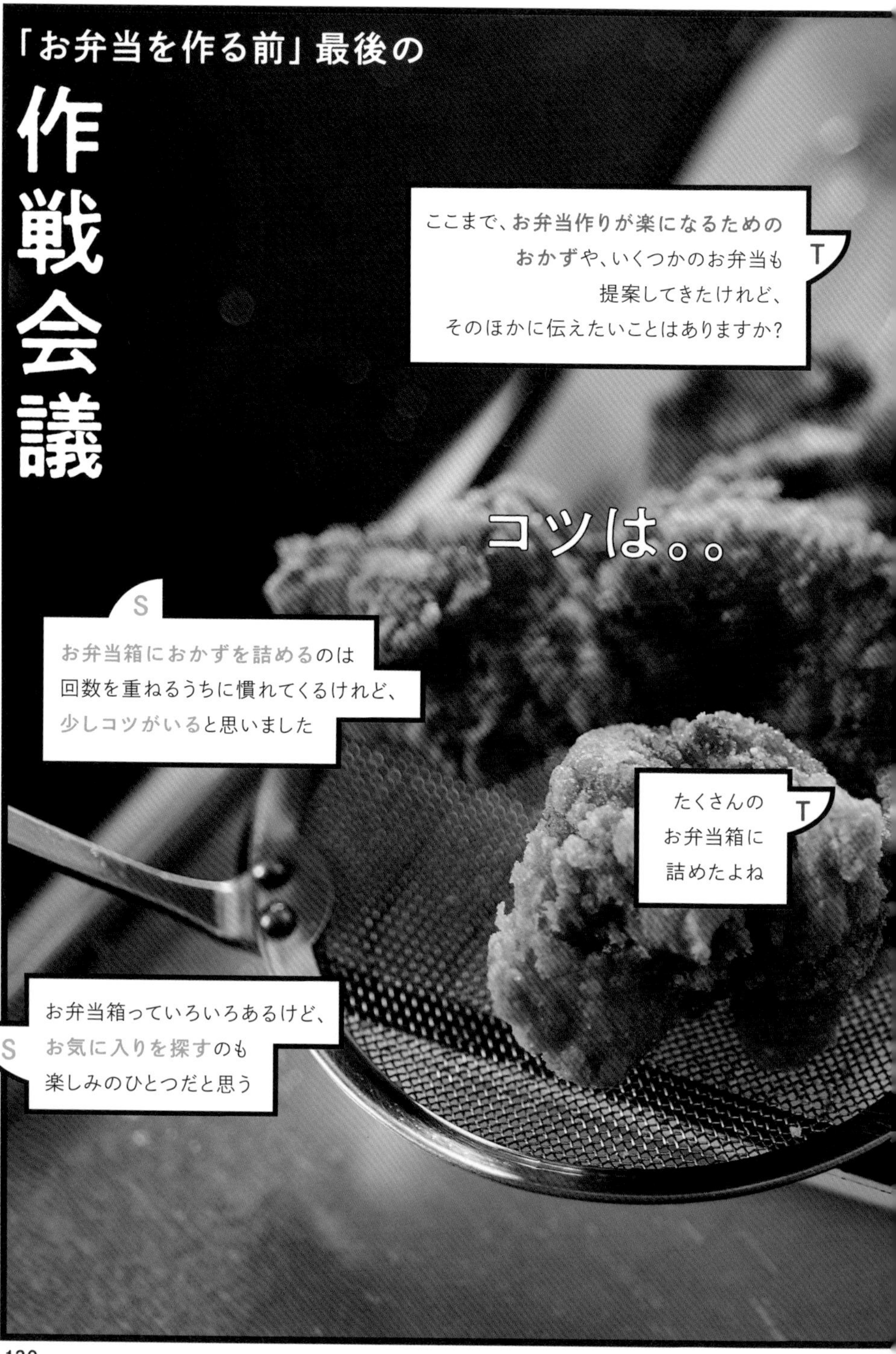

T ここまで、お弁当作りが楽になるためのおかずや、いくつかのお弁当も提案してきたけれど、そのほかに伝えたいことはありますか?

コツは。。

S お弁当箱におかずを詰めるのは回数を重ねるうちに慣れてくるけれど、少しコツがいると思いました

T たくさんのお弁当箱に詰めたよね

S お弁当箱っていろいろあるけど、お気に入りを探すのも楽しみのひとつだと思う

 T=Tatsuya、S=SHINO

T：お弁当箱から入るのもいいよねー

S：そして、いろいろなお弁当箱に詰めてみた結果、深すぎるお弁当箱はやや難易度が高いなと。また、ハンバーグなど、大きくて形が決まっているものは詰めるのが難しかった。結局、リーフをクッションにして、卵焼きに立てかけるように斜めに詰めたらいい感じに

T：大きいおかずと小さいおかずを作ったら、形が決まっている大きいおかずから詰め、残ったすき間に小さいおかずを詰めるのがポイント

S：炒めものだと、入れたいスペースに端までびっしり詰められるから簡単

T：僕は大ざっぱなので、炒めものくらいがちょうどいい。から揚げサイズが限界。から揚げ弁当(p.22)も、もう少したくさん入ると思ってた。僕が、自分のために作るなら、から揚げだけ6個入れてたね

S=SHINO、T=Tatsuya

「お弁当を作る前」最後の作戦会議

T しょうが焼きのっけて、から揚げのっけて、
青椒肉絲のっけて……。
これが夢の弁当！ 本当はそれを
1回やりたかった。
ごはんにハンバーグのせて、
ごはんで挟むとか（笑）。
のり弁のハンバーグ版!!

夢の。。

S お弁当を作る日じゃなくても
お弁当を作りたくなれたらいいな。
そのくらいカジュアルに作れて、
お弁当作りを楽しめるようになれたら
理想ですね

T 作り始めると凝っちゃうよね

S お弁当作りを続けると
時短のテクニックが身につくので、
知らず知らずのうちに
料理も上達して、なんでも
パパッと作れるようになりそう

Tatsuyaの鶏のから揚げ弁当(p.22)の詰め方

ごはんを詰める

1

縦に詰める場合は、ごはんを下半分、おかずは上半分に詰める。
ごはんに傾斜をつけるように詰めるとおかずがのせやすい。

リーフをのせる

2

仕切りの代わりにリーフをのせる。
グリーンカールやサニーレタス、青じそなど、好みのものでよい。
リーフを敷くと、おかずの味がごはんに染みにくい。

から揚げ、卵焼きを詰める

3

メインのから揚げをおかずスペースの$\frac{2}{3}$ほど詰める。
ぴったりおさまるように大小を組み合わせて。
卵焼きはお弁当箱の高さに合わせて切って2個を詰める。

すき間にかぼちゃを詰める

4

残ったスペースにかぼちゃを詰める。
から揚げと卵焼きは形が決まっているので、薄く切ったかぼちゃで調整するとよい。ごはんにカリカリ梅をのせ、白ごまをふる。

SHINOの照り焼きチキン弁当(p.23)の詰め方

ごはんを詰める

照り焼きチキンをごはんの上にのせたいので、
副菜が入るスペースは除いて、高さの半分くらいに詰める。

のり、照り焼きチキンをのせる

ごはんの上にのりを1枚のせ、その上に
食べやすく切った照り焼きチキンをのせる。

リーフを敷く

副菜が入る右下のスペースに、
器になるようにリーフをふんわりと敷く。
リーフは彩りの役割もあるので常備しておくとよい。

副菜、漬けものを詰める

マカロニサラダとスクランブルエッグを
リーフの中にこんもりと盛る。ごはんの上に
ブロッコリーのごまあえ、しば漬けをのせる。

砂糖、塩、酢、しょうゆ、みそ、酒、油など、
基本のおかず作りに必要な調味料はこれらを使っています。
油は、透明な太白ごま油と香ばしいごま油、オリーブオイルを使い分けていますが、
太白ごま油はサラダ油など、香りの少ないもので代用できます。

基本調味料について

あると便利な調味料について

めんつゆとポン酢は、調味料を組み合わせる必要がなく、
これだけで味が決まるので便利。オイスターソースはコクとうまみを足したいときに。
豆板醤やスパイス、ハーブは、中華やエスニック料理のほか、
定番の味つけに変化をつけたいときに使います。

お弁当作りに使う道具

小さなまな板とペティナイフ

お弁当のおかずは少量でよいので、
小さなまな板とペティナイフがあれば十分。
スペースも取らず、洗いものも楽になります。

キッチンばさみ

洗いものが減らせるので、
薄切りの肉などはキッチンばさみで切ります。
鶏肉の余分な脂などを取り除くときにも使用。

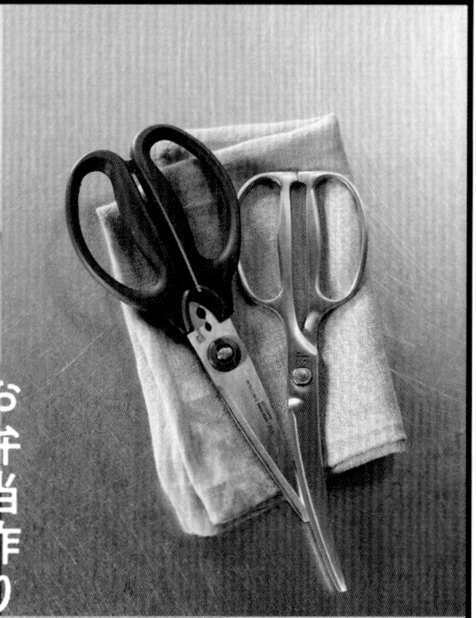

小さめのフライパン

直径20㎝くらいのコーティング加工されている
フライパンが1つあると便利です。おすすめは、
バッラリーニのフッ素樹脂加工のもの。

バット・耐熱ボウル・菜箸

バットはおかずを冷ますときに、耐熱ボウルは
レンジ加熱する際に使用。おかずを詰める
菜箸は、先が細いものが使いやすいです。

◆ 商品について／まな板…HANKEY（直径28㎝）、ペティナイフ…Zwilling J.A.Henckels AG TWIN CERMAX101（刃渡り13㎝）、キッチンばさみ…OXO（左）、貝印（右）、バット…月兎印

ぐっち夫婦
(Tatsuya・SHINO)

「日々の暮らしを楽しく美味しく。ちょっとおしゃれに」をモットーに、夫婦で料理家として活動。作る人のライフスタイルに寄り添えるようなメニューを考案し、InstagramやYouTubeチャンネルなどで日々発信し続けている。オンライン料理教室も定期的に開催。雑誌やインターネットでの連載、テレビ出演も多数。本書は3冊目の著書となる。

公式レシピサイト：gucci-fuufu.com
Instagram：@gucci_fuufu
Twitter：@gucci_fuufu
YouTube：【料理家ぐっち夫婦ごはんチャンネル】美味しいごはんいただきます!

デザイン　天野美保子
撮影　キッチンミノル
スタイリング　大畑純子
調理アシスタント　わたなべふじこ、菅野 清、midori、和田歩未
校正　安久都淳子
DTP制作　天龍社
編集　広谷綾子

撮影協力
UTUWA
03-6447-0070

お悩み解決！
毎日作り続けられる
ぐっち夫婦のお弁当大作戦

2021年2月20日　第1版発行

著　者　ぐっち夫婦
発行者　関口 聡
発　行　一般社団法人　家の光協会
〒162-8448
東京都新宿区市谷船河原町11
電話　03-3266-9029（販売）
03-3266-9028（編集）
振替　00150-1-4724

印刷・製本　図書印刷株式会社

乱丁・落丁本はお取り替えいたします。
定価はカバーに表示してあります。

ISBN978-4-259-56679-1　C0077